Michel Bergeron
à cœur ouvert

Par Mathias Brunet
chez Québec Amérique

Mario Tremblay : le bagarreur, biographie, 1997.

Avions, hôtels... et Glorieux : Un an dans les coulisses du Canadien, anecdotes, 1998.

Mathias Brunet

Michel Bergeron
à cœur ouvert

ÉDITIONS QUÉBEC AMÉRIQUE

329, RUE DE LA COMMUNE OUEST, 3ᴇ ÉTAGE, MONTRÉAL (QUÉBEC) H2Y 2E1 (514) 499-3000

Données de catalogage avant publication (Canada)

Brunet, Mathias

   Michel Bergeron : À cœur ouvert

   ISBN 2-7644-0071-3

   1. Bergeron, Michel – Entretiens. 2. Hockey – Entraîneurs – Québec (Province) – Entretiens. 3. Journalistes sportifs – Québec (Province) – Entretiens. I. Brunet, Mathias, 1968-   . II. Titre.

   GV848.5.B47A5   2000   796.962'092   C00-941416-9

Les Éditions Québec Amérique bénéficient du programme de subvention globale du Conseil des Arts du Canada. Elles tiennent également à remercier la SODEC pour son appui financier.

Nous reconnaissons l'aide financière du gouvernement du Canada par l'entremise du Programme d'aide au développement de l'industrie à l'édition (PADIÉ) pour nos activités d'édition.

Les Éditions Québec Amérique remercient les quotidiens *Le Soleil*, *Le Journal de Québec*, *Le Journal de Montréal* et *Le Nouvelliste* pour leur contribution aux cahiers photos.

Il est illégal de reproduire une partie quelconque de ce livre sans l'autorisation écrite de l'éditeur.

©2001 ÉDITIONS QUÉBEC AMÉRIQUE INC.
www.quebec-amerique.com

Dépôt légal : 1er trimestre 2001
Bibliothèque nationale du Québec
Bibliothèque nationale du Canada

Retranscription des entrevues : Vincent Gourd
Révision linguistique : Claire Morasse et Monique Thouin
Mise en pages : Andréa Joseph [PAGEXPRESS]
Technicien photo N/B : Tony O'Reilly

À mon père, Robert, à qui j'aurais remis le tout premier exemplaire de ce livre ; malheureusement, son décès me prive de cet immense bonheur.

Dans ma vie j'ai fait des erreurs,
l'important c'est de ne pas les répéter.

MICHEL BERGERON

Prologue

Septembre 1952. C'est l'aube. Le petit Michel Bergeron, six ans, est fébrile. Dans quelques heures, les classes commencent à l'école Sainte-Bernadette, dans le quartier Saint-Michel. Cette première expérience à l'école sera extraordinaire au début. Une chimie s'installe rapidement avec son professeur, à qui il apporte une pomme chaque matin. Les succès ne tardent pas non plus. Durant les deux premiers mois, il est toujours premier de classe. Huit semaines plus tard, son univers s'écroule. En consultant le tableau où le professeur inscrit les notes scolaires, il constate que son voisin, Norbert Signori, le devance désormais au classement. Il fulmine. L'après-midi même, après les classes, tapi derrière un arbre, il attend le petit Signori. Le pauvre Norbert n'a pas le temps de voir venir notre jeune héros, et il reçoit une série de formidables coups de poing au visage. Cloué au sol, sonné, la bouche tuméfiée, il se demande bien ce qui a pu se passer. Michel Bergeron, le jeune tigre, vient de réagir à une première défaite…

1

Une enfance à Rosemont

Je ne sais pas pourquoi j'ai tabassé ce Norbert Signori. On aurait dit que c'était plus fort que moi. Mais quelques semaines plus tard, Norbert, un jeune homme aussi entier que moi, a réclamé sa revanche et cette fois, il a eu le dessus. Je venais de subir ma première défaite aux poings... et je vivais ma première grande rivalité. Nous deviendrons de grands amis par la suite...

Ce fut loin d'être mon dernier combat. Déjà, enfant, je devais gagner à tout prix. Et je me battais tout le temps. Par chance, j'étais un rassembleur, un gars de gang ; je m'arrangeais donc pour être entouré par des plus gros que moi. On se battait souvent, mais au moins, il n'y avait pas de couteaux ni de drogues. Ça ne tournait jamais très mal, c'étaient des chicanes banales. Je n'y pouvais rien, j'étais plutôt du type baveux. Surtout au hockey. Et il fallait que je passe de la parole aux actes. Heureusement, mes gros amis finissaient souvent le ménage pour moi…

Du sport, Michel Bergeron et sa gang en faisaient 12 mois par année.

On jouait au hockey l'hiver et au baseball l'été, toujours dans le quartier Saint-Michel. Dès que les terrains étaient secs, on sortait les gants de baseball. On rêvait de jouer pour le Canadien de Montréal, on ne pensait qu'à Maurice Richard. J'avais un seul but dans la vie : devenir joueur de hockey professionnel.

J'ai commencé à faire du sport avec mes deux cousins, Jean-Guy et Roland Bergeron, qui étaient aussi mes voisins. J'avais six ou sept ans, eux avaient respectivement 10 et 6 années de plus que moi. Ils m'habillaient en gardien de but, j'avais des catalogues d'Eaton attachés aux jambes qui me servaient de jambières avant que ma mère m'achète un équipement de gardien de but, et j'attrapais la rondelle ou la balle avec un gant de baseball. Et ils me bombardaient de façon incroyable. Je rentrais chez moi le corps couvert de bleus.

Quelques années plus tard, vers 11 ans, j'ai connu Richard Morency, qui est devenu plus tard directeur des sports à CKAC et vice-président marketing et communications des Expos. Je jouais au baseball pour son père Léo, dans les rangs *peewee*. Léo était instructeur du *peewee* et du *bantam* à Ville Saint-Michel. Richard jouait *bantam* et il aidait son père à diriger le *peewee*. La mère de Richard jouait son rôle elle aussi : elle nous servait entre autres de chauffeure. Elle enlevait les bancs dans son auto pour permettre à tous les joueurs de monter à bord. Elle était très dévouée. On passait beaucoup de temps chez les Morency et elle faisait à manger à tout le monde.

J'ai fait mes premiers mauvais coups avec Richard. Nous avions des petites gangs dans le quartier. Un jour – on devait avoir 13 ou 14 ans –, Richard, le leader parce qu'il était plus âgé, avait décidé d'enlever un gars d'une bande rivale pour lui tirer les vers du nez. On voulait avoir des informations sur nos adversaires. Il y avait un terrain vacant avec un camion d'excavation juste à côté de chez lui. Cet après-midi-là, il y avait Richard, Ron Martineau et moi-même. On a pris notre otage et on lui a enroulé le câble d'acier du camion autour du corps. Ron s'est installé dans le camion et a actionné la manette pour resserrer le câble. On a serré, on a serré, on a serré, mais le gars ne parlait toujours pas. Puis soudainement, il est devenu bleu. On a décidé de le laisser aller, mais on n'arrivait plus à enlever le câble. Il commençait à étouffer. On a appelé la mère de Richard en catastrophe, elle a alerté un voisin, on a finalement réussi à le libérer. Ça a été la fin de nos jeux de gang…

Dans notre groupe d'amis inséparables, il y avait aussi Rodger Brulotte, la voix des Expos, que j'ai croisé pour la première fois vers l'âge de 16 ans, alors que je jouais pour les Saints de Laval. Deux autres personnes ont marqué mon enfance et le reste de ma vie : Pierre Lacroix, le directeur général de l'Avalanche du Colorado, qui a longtemps été mon agent, et Ménick, le coiffeur, qui nous coupait déjà les cheveux à l'époque.

Mes parents n'étaient pas de grands sportifs, mais ils m'encourageaient. J'ai reçu ma première paire de patins à l'âge de six ans. Chaque Noël, j'en avais une nouvelle paire.

J'étais du genre superstitieux. Au baseball, c'était l'enfer. Si je gagnais, je ne voulais pas que ma mère lave mon uniforme. J'étais fonceur, je glissais souvent sur les buts, j'étais souvent sale. Les gens me criaient : « Bergeron, t'es un maudit crotté ! » Après quatre victoires, ma mère ne voulait pas assister au match suivant…

Michel Bergeron n'a jamais manqué de rien, même si sa famille ne roulait pas sur l'or.

Notre appartement dans le quartier Saint-Michel était ordinaire. Mon père, Robert Bergeron, était mécanicien. Il travaillait très fort, du matin au soir. Ma mère, Lorraine Brunet, restait à la maison. Je suis né au 3305A, rue Jean-Talon, près de la 12e Avenue. J'y ai habité pendant une dizaine d'années. Nous étions quatre enfants. J'ai deux frères et une sœur. J'ai été le premier enfant dans la famille de ma mère.

Mes deux frères sont complètement différents l'un de l'autre. Pierre, de huit ans mon cadet, n'était pas trop sportif, même s'il l'est devenu plus tard par la force des choses. C'était le plus beau de la famille, c'est du moins ce que ma mère disait. Assurément le plus calme. Christian, qui a deux ans de moins que Pierre, était actif comme moi. Un grand sportif. Il me suivait au hockey et au baseball.

Plus tard, à Trois-Rivières, Christian m'a rendu des services inestimables. Il me rendait visite au moins une fois par semaine. Il a lui-même dirigé des équipes à Saint-Léonard et il a eu sous ses ordres Martin Brodeur, Vincent Damphousse, Luc Robitaille et plusieurs autres. Il est parvenu au junior A. Il semblait avoir du succès, mais certains lui ont fait la vie dure, des arbitres entre autres. Ils lui passaient des remarques du genre : « Hé, Bergeron, descends du banc, t'es pas dans la Ligue nationale… » Il aura été victime des comparaisons, finalement, surtout au plus fort de la rivalité entre le Canadien et les Nordiques. Il ne l'a pas enduré. C'est dommage parce que, d'après ce que ses joueurs me disaient, il était un sapré bon entraîneur. Aujourd'hui, Christian est directeur général de Kasco Canada, une compagnie qui distribue de l'équipement de boucherie et d'épicerie, et Pierre travaille pour lui.

Ma sœur Francine travaille à l'Institut de tourisme et d'hôtellerie du Québec. Elle a deux enfants : Dominique et Caroline. Les enfants de Christian se nomment Philippe et Véronique. Philippe a été l'un des meilleurs joueurs de tennis sur table au Canada. Il a agi comme ambassadeur aux Jeux olympiques de Nagano. Pierre, quant à lui, a adopté deux petites Chinoises : Emilee et Marie-Lee.

Nous étions très attachés à nos parents. Plus qu'attachés, car papa et maman étaient nos idoles. C'est drôle parce qu'ils étaient issus de familles complètement différentes. Du côté de ma mère, on m'a gâté de façon extraordinaire. Mes oncles, Jean, Gilles et Roger, de même que ma tante Madeleine, et bien entendu ma grand-mère Èva, m'ont pris sous leurs ailes. Je magasinais souvent avec eux. Èva me gardait souvent les fins de semaine et le dimanche soir ; elle ne voulait jamais me laisser partir quand mes parents venaient me chercher !

J'ai également su par la suite que mes oncles Jean et Roger aimaient que je sacre. J'avais deux ou trois ans et ils me faisaient sacrer ; ils trouvaient ça drôle. Ils me lançaient de l'un à l'autre comme un ballon et ma mère avait très peur qu'on m'échappe. Mon initiation est survenue alors que j'étais drôlement jeune…

J'étais tellement gâté par tout ce monde que je faisais une crise épouvantable quand on me refusait un bonbon ou une crème glacée. Je suis resté très attaché à ma grand-mère. Même lorsque je suis déménagé à Trois-Rivières et ensuite à Québec, elle se déplaçait pour me voir.

Mon père est issu d'une famille encore plus grande : ils étaient 16 enfants. Tous très unis. Mes grands-pères sont malheureusement décédés lorsque j'étais très jeune. Ma grand-mère Bergeron avait un dépanneur. Ils jouaient aux cartes du vendredi au dimanche soir. Des fois, j'accompagnais mes parents. Je passais des heures à les regarder jouer aux cartes. Ça jouait à l'argent, mais pas des montants exorbitants. Je voyais deux styles différents. Ma mère était audacieuse, alors que mon père était patient, très réservé, même que parfois il allait s'étendre pour se reposer quand ça allait moins bien dans son jeu. J'ai gardé le style de ma mère. Mais peut-être que finalement mon père avait la bonne philosophie.

Le samedi soir, j'étais rivé au téléviseur. Je ne voulais jamais rater *La Soirée du hockey* à Radio-Canada.

Quand je n'avais pas de bonnes notes à l'école, ma mère, pour me punir, m'empêchait de regarder le hockey. C'était un drame affreux chaque fois, car c'était l'événement de la semaine. Je vivais presque uniquement pour le samedi soir. Pour avoir la chance de regarder le Canadien. À la maison, c'était Geoffrion qui était le préféré. Moi, je les aimais presque tous : Maurice Richard, Henri, Dickie Moore, Doug Harvey, Jean Béliveau et Jean-Guy Talbot.

Quand ma mère me punissait, je trouvais toujours une stratégie de désespoir une demi-heure avant le match, et je lui sortais mon plus beau discours pour tenter de la convaincre de me laisser regarder la partie. À l'époque, il n'y avait pas de matchs à TSN, RDS, TVA ou TQS. Il y en avait un seul, et le samedi soir, c'était sacré. J'étais gentil comme jamais, je lui faisais des promesses incroyables. Des fois, ça marchait; d'autres, non...

Quand on regardait le hockey en famille, je gageais 10 sous avec mon père sur le résultat du match. Je gageais toujours pour le Canadien. Des fois, je montais la mise à 25 cents. Ma mère ne ratait rien du match non plus parce que son idole, c'était Boom Boom Geoffrion, probablement parce qu'il était beau!

Le dimanche, j'allais souvent voir le Royal Senior... Gerry McNeil, Skippy Burchell, Kenny Mosdell, Phil Goyette et «Pompon» Sarrasin. On partait, une gang de gars, on prenait le tramway, car on avait des billets pas cher. Une fois par année, c'était la visite au Forum le samedi soir. Mon père avait de la misère avec moi parce que je voulais attendre les joueurs pour leur autographe, mais on devait prendre le tramway vers 11 heures pour rentrer. Je collectionnais les cartes de hockey, je les avais toutes. Je me rappelle, un soir, j'avais attendu le Rocket je ne sais combien de temps, mais je l'ai jamais vu; j'avais quand même réussi à obtenir l'autographe de Boom Boom, de Jacques Plante et de Doug Harvey. C'est quelque chose que je gardais précieusement. À l'époque, je connaissais de A à Z les joueurs de n'importe lequel des six clubs de la Ligue nationale. Je suivais ça religieusement. Aujourd'hui, quand je parle du bon vieux temps à six clubs, il y a des noms que je sors dans une conversation et les gens n'en reviennent pas.

J'adorais carrément Maurice Richard. Une fois, je me rappelle, je devais avoir 13 ou 14 ans à l'époque et je jouais *bantam*. Mon *coach* et aussi mon voisin, Jimmy Tamaro, et moi étions allés chercher nos gilets pour un tournoi. À l'époque, c'était la police juvénile qui fournissait les uniformes pour les équipes de hockey mineur à Montréal. En revenant, j'avais vu le numéro 9 dans la pile. Je le voulais à tout prix. En marchant, j'ai dit à Jimmy que c'était celui-là que je voulais et j'ai profité d'un moment d'inattention pour tirer sur le chandail. Dans ma hâte, j'ai fait tomber tous les gilets dans la boue. Tamaro était furieux, mais je m'en fichais, j'avais mon numéro 9...

Je ne craignais pas les sautes d'humeur de Tamaro parce que j'étais très proche de sa mère et de ses frères Jean et « *Baby* ». Même ses sœurs étaient mes grandes amies. Sa mère me gâtait beaucoup. Je savais qu'elle avait toujours du jus de tomates froid dans le frigidaire, et j'allais toujours en boire un verre avec un peu de fromage. J'ai parfois abusé de sa confiance et de sa bonté. Un après-midi qu'elle me préparait un petit lunch, je lui ai demandé si je pouvais aller vérifier au sous-sol si les bâtons de hockey de l'équipe étaient tous « corrects ». J'ai ouvert une fenêtre du sous-sol et j'ai lancé trois bâtons à l'extérieur, dans la neige. Après avoir mangé, j'ai récupéré les bâtons. Je m'en suis voulu et je lui ai avoué mon méfait quelques années plus tard.

J'étais très turbulent, vous pouvez le deviner. À l'époque, la religion prenait toute la place. Nous allions à la messe le dimanche et c'étaient les frères qui nous enseignaient. À l'âge de 12 ans, il m'a pris un désir soudain de devenir servant de messe. Je trouvais ça *cute*. Aussitôt dit, aussitôt fait. À la messe, j'avais désormais une grande responsabilité : je faisais sonner la cloche. Mais ma « carrière » s'est arrêtée un bon dimanche à la grand-messe de 10 heures aux Loisirs Saint-Bernardin. J'étais énervé comme c'est pas possible parce que c'était une messe importante. J'avoue que je voyais ça un peu comme un spectacle ; alors, j'avais invité tous mes amis et je leur avais dit de ne pas rater ça. Ma famille y était également. Ce jour-là, on m'a mis une grosse soutane en velours rouge sur le dos et on m'a fait tenir le flambeau. Il faisait chaud sous la soutane. On s'est mis à genoux, et la messe a commencé. Au moment de me lever, mon pied droit est resté pris dans la soutane, et j'étais incapable de bouger. Je me suis retourné vers mes parents parce que je paniquais. Je n'ai pas eu le choix, j'ai déposé le flambeau par terre, et j'ai retiré ma soutane, qui était prise dans mon soulier. Mon congédiement a suivi plutôt rapidement…

Ce ne fut pas ma première mésaventure à l'église. À ma confirmation, c'était le cardinal Léger lui-même qui officiait. Il passait à côté de nous et posait la même question à tous, nous demandant ce qu'on voulait faire plus tard. Les amis répondaient : avocat, pompier, etc. Moi, je voulais faire un peu différent, et je lui ai répondu : « Je veux être un vidangeur ». Ma mère était assommée. Mais le cardinal Léger m'a répondu, avec un sourire : « C'est beau, mon jeune, ça en prend... »

QUAND BERGERON RENCONTRE FIDEL CASTRO...

Michel Bergeron se débrouillait plutôt bien au hockey ; il rêvait d'une carrière dans la Ligue nationale, mais il était peut-être encore meilleur au baseball. Ses exploits à la balle l'ont même mené à un match à La Havane contre nul autre que... Fidel Castro, le chef d'État cubain.

Franchement, oui, j'étais meilleur au baseball qu'au hockey. J'étais receveur, et j'avais un bon contact avec la balle. Nos équipes, de *peewee* à *junior*, ont toujours gagné le championnat. Chez les juniors, on attirait de bonnes foules, jusqu'à 5 000 ou 6 000 personnes pour certains matchs. On était des petites vedettes. Mais dans ce temps-là, aucun Québécois ne pensait jouer comme professionnel. De rares joueurs ont percé. J'ai eu la chance de jouer pour Marcel Guilbeault, qui est devenu plus tard lanceur des Phillies. Mes autres entraîneurs ont été Jean-Paul Cyr et Yvon Brunet.

Je veux raconter une petite anecdote avant de parler de Castro. À Rosemont, on cherchait un soigneur. On a demandé à Jean-Paul d'embaucher un de nos amis, «Ti-Coune» Lécuyer. Ce gars-là ne connaissait absolument rien à la médecine. Un jour, en glissant au deuxième but, je me suis blessé. «Ti-Coune» est arrivé en trombe, tout habillé de blanc. Il m'a dit : «Il ne faut pas que ça soit grave, parce que je ne saurai pas quoi faire…»

Je lui ai répondu : «Frotte! Moi, j'ai mal aux testicules… Ha! Ha! Ha!»

À 18 ans, donc, j'ai été choisi, avec 4 autres gars de Ville Saint-Michel, soit Bob Bastien, Michel Dubé, Bobby Dryswack et Raymond Thériault, ainsi que mes amis Mick Ortuso, Pierre Bohémier, Claude Lécuyer et Gilles Wilscam, pour représenter l'équipe du Canada *junior* dans une grande compétition à Cuba. C'était Marcel Racine, qui est décédé récemment, qui dirigeait le club. Il me mettait beaucoup de pression. Il me répétait : «Si tu rates le couvre-feu, tu fais pas le voyage.» J'étais franchement nerveux; c'était un gros tournoi, mais aussi mon premier grand voyage, la première fois que je prenais l'avion. On a fait trois vols : Montréal-Toronto, Toronto-Nassau, Nassau-Cuba, parce qu'on ne pouvait pas passer par les États-Unis à cause du conflit entre les deux pays. Ça ne faisait pas longtemps que Castro était à la tête de ce pays.

Quand je suis arrivé à Cuba, j'étais fier comme un paon avec mon beau *jacket* du Canada. En descendant de l'avion, on nous a prévenus qu'il fallait aller directement au stade. Fidel Castro lui-même était là pour nous recevoir et voulait jouer contre nous! En entrant dans le stade, comme je suis fouineux, je tassais mes coéquipiers pour être le plus près possible de Castro; je voulais conter tout ça à mes amis à mon retour. Et là, comme je suis le premier en avant, Marcel Racine me dit: «Michel, donne-moi ton *jacket*, je vais le donner à Castro et on va prendre des photos!» J'ai répondu: «Non, pas question! Il n'aura pas mon *jacket*.» Racine me dit: «Oui, oui, on va t'en donner un autre au retour...»

Moi, je savais que je n'allais jamais revoir mon *jacket*. J'ai dit: «Non!» Et tout à coup, il me vint un *flash*. Richard Morency, qui faisait le voyage à titre de journaliste pour CJMS, était à côté de moi. J'ai dit: «*Let's go*, Richard, donne ton *jacket*». Il l'a donné, le pauvre, et Castro l'a porté. On a pris des photos, mais Morency n'a jamais eu d'autre *jacket*...

Le lendemain, ça a été une journée que je vais me rappeler toute ma vie. Castro avait organisé un match contre nous. Le stade était vide de spectateurs, mais il y avait des soldats armés partout. Mon coéquipier, Don McGowan, était au monticule, et moi j'étais receveur. Castro s'est présenté au bâton. J'étais intimidé comme c'est pas possible. Après le premier tir, une balle rapide, il s'est retourné vers moi et m'a lancé: «*Slowly!*» J'avais les jambes un peu plus molles. Je me suis levé et je suis allé voir McGowan au monticule. On était des jeunes Québécois, on ne savait pas comment réagir. J'ai dit à McGowan: «Je veux pas de problème, mets-y sur la *plate*.»

Castro en a profité et il a frappé un petit coup sûr au champ centre. Il passa ensuite au deuxième but sur un coup retenu, puis au troisième. Il y avait donc un frappeur au bâton et Castro qui dansait au troisième. Je sais pas à quoi j'ai pensé, mais j'ai commandé un tir à l'extérieur et j'ai fait une feinte de lancer au troisième. Castro a plongé, la barbe dans la poussière ! Il s'est levé et, je le voyais dans ses yeux, il voulait me tuer. J'étais quand même pas fou, je suis allé voir mon *coach* Racine pour lui demander de me sortir de là. J'ai dit : « Écoute bien, Marcel, c'est juste un match hors concours. J'y tiens pas, fais donc jouer l'autre receveur... »

C'était un genre de championnat du monde sans les États-Unis, mais le Japon était là. On s'est carrément fait planter tout le long.

J'étais cochambreur avec Richard Morency. Dans la chambre, il y avait un bidet. Moi, j'étais tellement naïf, j'ai dit à Morency que c'était l'*fun* d'avoir deux toilettes. J'ai compris l'utilité du bidet quand il a actionné la chasse, parce que j'ai reçu le jet en plein visage !

Morency faisait ses reportages, mais le système téléphonique était affreux : ça prenait parfois deux heures pour obtenir une ligne. Il voulait que je reste avec lui. Je disais : « D'accord, mais parle de moi, alors ». Il disait en ondes : « Le Canada s'est fait battre 12 à 0, avec 3 coups sûrs, 2 erreurs, 8 hommes laissés sur les buts, et Michel Bergeron qui s'est illustré à la défense ! »

Au premier match du tournoi, après la partie contre Castro, on ne me faisait pas jouer au début. J'étais en tabarnac. Racine voulait m'envoyer dans l'enclos des releveurs, mais je ne voulais pas. Pierre Bohémier, dès la première manche, a reçu une fausse balle sur le doigt. Blessé. J'ai dit à mon entraîneur que je ne voulais pas y aller. « T'as voulu faire commencer Bohémier, j'y vais pas... » Mais il y avait 45 000 spectateurs, c'était impressionnant, et j'y suis allé finalement. On en a mangé toute une, on a vu c'était quoi du vrai baseball.

Avec Bob Bastien, avant le premier match, on avait donné à Castro une ceinture fléchée ! Pis lui, à la cérémonie d'ouverture, il lançait la première balle, il avait les deux gros *guns*, l'habit kaki, pis là on lui a donné la ceinture fléchée du Québec ! Imagine. Il se promenait avec notre ceinture fléchée ! Mais il nous a jamais parlé.

Pendant ce tournoi, je téléphonais souvent à la maison. J'étais un grand sentimental, je m'ennuyais, et je leur disais que je ne mangeais pas bien. On nous préparait des bananes cuites, moi qui étais habitué à manger un bon steak que ma mère me préparait avant les matchs.

MICHEL BERGERON, DÉJÀ UN LEADER...

Michel Bergeron était déjà un leader dans l'âme. Un bagarreur aussi, qui n'hésitait pas à intervenir avec fermeté auprès de ses entraîneurs quand la situation le commandait.

À 17 ans, son entraîneur des Bombardiers de Rosemont, Ghislain Delage, le nomme capitaine adjoint de l'équipe lors du match d'ouverture au centre Paul-Sauvé. Bergeron est fier comme un paon...

Tous les jeunes du coin rêvaient de jouer pour ce club *junior* de la Ligue métropolitaine. Non seulement je faisais partie de l'équipe, mais on me nommait capitaine adjoint. Quand le match d'ouverture a commencé, sur la glace, pendant le réchauffement, je regardais mes parents et ma grand-mère et je leur montrais fièrement le *A* sur mon chandail. Eux, ils ne savaient pas encore que j'avais été nommé à ce titre parce que l'entraîneur nous l'avait annoncé seulement avant la rencontre. Je vivais presque ma première heure de gloire. Je disais à mes coéquipiers, Claude Piché et Claude Chagnon, de grands amis, comment j'étais fier d'avoir ce *A* sur mon chandail. À ma première présence, enflammé, j'ai jeté les gants, et l'arbitre m'a donné 2 minutes pour rudesse, un 5 minutes pour m'être battu et un 10 minutes pour inconduite. Dans le vestiaire, après la première période, Doug Sirchuk, qui a travaillé plus tard pour le Canadien, m'a dit : « Bergie, donne-moi ton gilet. » Moi, je ne me suis pas posé de question, c'étaient des gilets neufs et je m'imaginais qu'il voulait le mien pour prendre des photos. Il est revenu avec le gilet... Mon *A* venait de disparaître. J'étais tellement gêné. J'étais sur la glace et j'osais à peine regarder mon père. Je voulais tuer Delage. Et mes *chums* Piché et Chagnon qui n'arrêtaient pas de rire...

Quelques années plus tôt, je jouais pour Saint-Bernardin, dans le *midget* A. Je voulais que mon entraîneur Jimmy Tamaro garde un de mes amis, Claude Piquette, dans l'équipe. Sinon, je menaçais d'aller jouer pour le *midget* B, dirigé par son frère Jean. Jimmy n'a pas voulu, alors j'ai joué pour le *midget* B toute la saison ; on s'est rendus en finale contre le *midget* A et on est venus à un cheveu de les battre !

DE GRANDES RIVALITÉS…

Michel Bergeron a été l'un des principaux acteurs de la rivalité Canadien-Nordiques. Il aura eu beaucoup de pratique à l'adolescence dans l'est de Montréal, surtout avec ce fameux Ghislain Delage, qui lui en a fait baver…

Il y avait toujours beaucoup d'électricité dans l'air quand le club de la Palestre nationale et Rosemont s'affrontaient au centre Paul-Sauvé. Les bagarres étaient courantes, et plus de 5 000 spectateurs assistaient aux matchs. Mes amis me pompaient encore plus. J'allais chez Ménick, qui avait déjà son salon de coiffure sur la rue Masson, et les gars me narguaient en disant qu'il n'y avait pas assez d'action à nos matchs. Une fois, on jouait contre les Maple Leafs de Verdun, et je leur avais dit de ne pas rater le match parce que j'avais le goût d'avoir un peu d'action ce soir-là… Je me suis battu trois fois dans la même séquence de jeu. D'abord contre « *Punch* » Cartier, qui faisait 100 livres de plus que moi, et qui a ensuite joué pour les Nordiques, puis contre Reynald Comeau, un futur joueur des Flames d'Atlanta. J'ai rapidement perdu mon chandail parce que « *Punch* » m'avait punché en partant. J'étais encore un peu sonné quand Guy Lapointe est passé dans mon coin. Je lui ai lancé : « Toi aussi tu veux te battre ? » Lapointe riait un peu, mais il n'avait pas le choix. J'étais enragé. J'ai mis environ 48 heures à me remettre de cette soirée tellement j'étais vidé…

Au fil des ans, à Rosemont, j'ai joué sous les ordres d'Yves Nadon, de Jacques Saint-Jean et de Ghislain

Delage. Je conserve de nombreux souvenirs de Delage, qui me dirigeait à la fois au hockey et au baseball. Je me souviens entre autres de cette histoire de contrat. J'avais une clause dans mon contrat avec l'équipe de hockey qui disait qu'on devait me donner 200 $ si je marquais 30 buts. J'étais ailier gauche et je jouais avec Claude Piché et Phil Obbendorf. Il restait un match à disputer et j'avais 29 buts. Avant la rencontre, je suis allé chercher tous mes coéquipiers avec la camionnette de Laniel Amusements, comme je l'avais fait durant toute la saison. J'ai ramassé Piché, Claude Chagnon, qui m'a fait attendre parce qu'il était sous la douche, Claude Giroux, de même que « Bébé » Blanchette. À cause de Chagnon, on est arrivés 15 minutes en retard à l'aréna de Villeray, où on devait affronter les Rangers de Villeray dirigés par… Maurice Filion. À ma grande surprise, Ghislain Delage m'a annoncé que je ne participerais pas au match parce que j'étais en retard. On était six en retard, mais j'étais le seul puni parce que c'était moi qui conduisais. J'ai la mémoire longue et aujourd'hui, chaque fois que je vois Delage, je lui rappelle qu'il me doit un lunch…

Un bon matin, Delage a décidé de m'échanger ; je me suis retrouvé à la Palestre nationale. Je m'en souviendrai tout le temps. C'était comme de passer des Nordiques au Canadien. Le pire, c'est que j'ai probablement été le dernier à être mis au courant.

Le plus drôle, c'est qu'il y avait un match entre les deux équipes l'après-midi même ! C'est mon père qui, en se levant, qui a lu la nouvelle dans le journal. Il m'a réveillé et m'a demandé de me préparer. J'ai répondu que je jouais seulement à 14 heures. Il m'a dit que j'étais échangé. J'ai dit: «Quoi? Où?» J'ai appelé Delage et je braillais comme un enfant. Quand je suis arrivé à l'aréna, la blonde de Delage, Carole, était là. Elle pleurait, et elle m'a dit: «Je lui avais dit de pas faire ça...»

Quand je suis entré dans le vestiaire de la Palestre nationale, on m'a présenté, mais personne n'a levé la tête pour me regarder. Je fixais Claude Paul et Michel Ducharme, avec qui j'avais toujours des démêlés, mais eux, ils ne daignaient même pas lever la tête. Évidemment. J'étais l'enfant terrible, je jetais constamment les gants contre ces gars-là. Je me suis vite habitué à mes nouveaux coéquipiers. Dans l'après-midi, j'ai scoré et j'ai donné la rondelle à Ghislain Delage après le match...

L'été suivant, au baseball, par hasard, c'est Ghislain Delage qui a lancé l'exercice au bâton. Il s'est avancé au monticule, et je lui ai frappé une flèche en plein dans les parties! Le pire, c'est qu'il venait de se marier avec Carole. Il a été transporté à l'hôpital; ça a fait toute une histoire. Delage deviendra par la suite l'un de mes principaux rivaux dans le hockey *junior*... et plus tard un grand ami.

LE HOCKEY PLUTÔT QUE L'ÉCOLE...

Comme je l'ai dit plus tôt, je ne vivais que pour le sport. L'école, très peu pour moi. À part les années où il ne fallait pas étudier trop fort, au primaire, disons que je n'avais pas les meilleurs résultats scolaires. De toute façon, j'étais une petite vedette sportive dans Rosemont et j'étais convaincu que j'allais jouer dans la Ligue nationale. Je ne voyais donc pas la nécessité de poursuivre mes études. Depuis quelques années, j'allais en classe uniquement pour représenter l'équipe de l'école au hockey. Puis un jour, alors que j'étais en dixième année à Louis-Hébert, une école que fréquentait aussi Serge Savard, qui venait d'arriver à Montréal en provenance de son coin d'origine, l'Abitibi, mon directeur, monsieur Pelletier, m'a convoqué. J'avais environ 17 ans. Il avait une grande nouvelle à m'annoncer. Il m'a dit : « Michel, ça ne marche plus vraiment avec les professeurs. » Il avait raison, j'étais baveux et je les défiais constamment. Il m'a proposé une entente extraordinaire, inattendue. L'été, je travaillais pour un de mes oncles, Gilles Brunet, chez Laniel Amusement. Je livrais des cigarettes dans des machines distributrices. Le directeur me dit alors : « Pourquoi ne travaillerais-tu pas pour ton oncle à temps plein ? Je te laisserais quand même jouer pour l'école. » J'ai trouvé l'idée excellente… mais pas mes parents. Mes amis proches, Pierre Bélanger, Jacques Chagnon et Claude Giroux, eux, m'appuyaient sans réserve. Mais je me rappelle la réaction violente de ma mère, qui était totalement opposée à cette idée. Je lui répondais que je n'allais nulle part à l'école, que je voulais jouer au hockey. Je n'avais absolument aucune autre ambition que de devenir joueur professionnel. Je voyais mon père travailler comme un forcené du matin au soir. Je le trouvais tellement courageux, mais je ne voulais pas devenir un mécanicien.

J'ai réussi à faire plier ma mère. Quand je suis sûr de mon affaire, je peux être très convaincant. Il faut se remettre aussi dans le contexte. À l'époque, seuls ceux qui brillaient à l'école ou qui étaient riches fréquentaient l'université, contrairement à aujourd'hui où presque tout le monde poursuit des études supérieures. Nous, les bolés, on ne les aimait pas trop dans notre gang. J'en avais un pour voisin. Il me faisait rager, mais dans le fond, je le respectais. Je me disais : « Lui, au moins, il va réussir. Il travaille tellement fort. »

J'ai commencé à travailler sur le camion à temps plein, avec le rêve de jouer pour le Canadien un jour. Je devais être un peu naïf. J'étais un bon patineur, énergique, mais je n'avais pas les outils pour percer, je le vois encore mieux aujourd'hui avec le recul. Le pire, c'est que, à l'époque, j'avais plusieurs indices que mon talent était limité. Dans ces années-là, on participait annuellement à un camp d'entraînement du Canadien *junior*, dont relevaient toutes les équipes de la Ligue métropolitaine *junior*. C'était un peu de la frime ; ils mettaient ce camp sur pied pour plaire à tout le monde, et on se berçait d'illusions.

À peine 1 % des joueurs de la Ligue métropolitaine pouvaient aspirer à jouer pour le Canadien *junior*, mais j'y croyais. Tous les ans, je prenais part à leur camp. Après la première pratique, on allait voir sur le tableau si nos noms apparaissaient. S'il y était, on était retranché. Mon nom s'y trouvait toujours dès la première journée, en tête de liste... puisque c'était classé par ordre alphabétique.

À ma dernière année *junior*, j'ai décidé de prendre les grands moyens. J'étais encore au camp parmi 120 joueurs. Il fallait que je provoque quelque chose pour qu'on me remarque. J'ai fait mes recherches pour savoir qui étaient les *toughs* sur la patinoire, question de provoquer des étincelles. Je me suis battu comme un chien. Ça n'a rien changé, j'ai été retranché et je suis rentré à Rosemont. De toute façon, les gars devaient déjà être choisis avant même le début de la journée. Ce soir-là, je me suis retrouvé chez les Chagnon. Claude, qui était à l'époque un joueur exceptionnel et qui avait été sélectionné, Jacques, un grand ami, et Louise, ma future femme, m'ont consolé du mieux qu'ils ont pu.

LE RÊVE S'ESTOMPE…

Après sa carrière chez les juniors, Michel Bergeron se retrouve dans un cul-de-sac. Il ne domine plus comme avant; il sait désormais qu'il ne fera pas carrière comme hockeyeur. Ses perspectives d'avenir sont plutôt minces. Au moins, il a sa job comme livreur de machines distributrices de cigarettes qui lui permet de subsister.

De l'âge de 20 à 27 ans, j'ai partagé ma vie entre ma femme, Louise Chagnon, que je venais d'épouser, ma jeune fille, Anick, le sport et le camion. J'étais tellement fier d'être père. L'accouchement a été long et très dur pour Louise. J'étais sous le choc parce que je ne croyais pas que quelqu'un pouvait souffrir autant pour faire naître un enfant. Mais la naissance d'Anick a effacé les souffrances de Louise. J'avais commencé à fréquenter Louise à 17 ans. Je l'ai rencontrée parce que je jouais au hockey avec son frère Claude et que j'étais ami avec son autre frère, Jacques.

Donc, à l'époque, je ne me posais plus trop de questions. Je voulais continuer à livrer mes cigarettes, à élever la famille et à faire du sport pour le plaisir le plus longtemps possible. J'étais loin de m'imaginer que je pourrais devenir *coach*; je n'y songeais pas du tout à l'époque.

J'ai conservé le même style de jeu chez les *seniors*, mais je ne faisais pas le poids. Je recevais toujours de mémorables raclées. J'ai joué pour Saint-Michel, puis pour Cowansville. Les gars voulaient constamment m'essayer. C'était tellement violent. Un soir, à Saint-Michel, je m'en souviens, on jouait contre l'équipe nationale d'Italie, un match hors concours organisé par Frederico Cornelli. J'avais 22 ans. Il y avait beaucoup d'Italiens dans les estrades, et ils avaient presque tous le drapeau de l'Italie. À un moment donné, un de mes *chums*, Claude Lécuyer, a commencé à se battre. J'ai quitté le banc pour aller l'aider. Le gardien adverse a bondi sur la glace lui aussi. J'ai sauté dessus. Je me rappellerai toujours la scène : après la période, notre entraîneur, Maurice Dépatie, était assis sur la caisse de bières, inquiet. Il en avait pourtant vu d'autres, mais là, il secouait la tête, il disait : « On va avoir des problèmes avec les Italiens... » Ça s'est terminé par une mêlée générale ; le match a été annulé avant la fin.

C'était ça, un peu, nos matchs. On passait la moitié de la rencontre à se bagarrer, et personne n'avait de casque. C'était comme normal. On avait jeté les gants constamment chez les *bantam* et chez les *midget*, ça faisait partie de la *game*. Quand on jouait à l'extérieur, on retrouvait souvent les joueurs de l'autre club dans le parking, on avait parfois certaines choses à régler...

Mon père me disait d'arrêter de me battre, mais je savais que dans le fond il était fier de moi. Un jour, il y avait eu une photo de moi dans la section des sports du *Métro Express* : je venais de recevoir une raclée, et mon père avait montré ma photo à ses copains de travail. Je savais qu'il m'aimait.

Puis vint ce fameux après-midi de l'été 1970...

Je m'en souviens comme si c'était hier. J'avais 24 ans. Ma famille était à Saint-Calixte pour fêter ma sœur Francine. Moi, je n'y étais pas, je jouais à la balle molle. Après le match, je me suis retrouvé à la brasserie avec les *boys*. Le téléphone a sonné, c'était pour moi, pour me dire qu'il fallait absolument que je rentre chez ma grand-mère à Saint-Michel. Je ne comprenais rien. Je pensais que ma famille était à Saint-Calixte. Mon *chum* Ti-poil Campeau m'a reconduit chez ma grand-mère. Dans l'auto, c'est drôle, j'ai eu un *flash*, et j'ai dit à Ti-poil : « Il est arrivé quelque chose. J'espère que ce n'est pas mon père. »

Qand on est arrivés à la maison, les autos étaient stationnées tout croche dans la rue, et la porte d'entrée était ouverte. Je suis entré comme une balle dans la maison, et j'ai vu ma mère, ma grand-mère et ma sœur Francine en pleurs. J'ai regardé ma mère, je lui ai dit : « Pa est mort. » Elle continuait à pleurer. Mes frères étaient dans la cour, en crise, en larmes. Un choc épouvantable. Il venait de mourir subitement d'une crise cardiaque, à Saint-Calixte. Il a eu un malaise, il s'est étendu, il a dit à ma mère qu'il ne filait pas, et pouf, il ne s'est jamais réveillé. Il avait seulement 47 ans. Il n'était pas la seule victime du cœur dans la famille. Difficile d'exprimer toute ma tristesse ce jour-là. Mon père m'avait suivi au hockey depuis mon jeune âge. Quand j'ai dirigé mon premier match avec les Nordiques dans la Ligue nationale, je me suis dit : « Si mon père était là... » Il m'avait vu joueur, bagarreur, contestataire, toujours en chicane. J'aurais été tellement fier qu'il me voie entraîneur, celui qui dirige d'autres hommes. Finalement, ce qui m'a manqué pendant toutes ces années de *coaching*, c'est que mon père n'a jamais vu un seul de mes matchs.

On ne s'est jamais vraiment remis de la mort de notre père. Il était l'idole de la famille. Ça nous a tous marqués parce que, à 47 ans, il était à son sommet. On avait encore besoin de lui. Mes frères arrivaient à l'adolescence, et moi je venais de me marier. On ne s'y attendait tellement pas. Il menait une vie tellement ordonnée, disciplinée ; il n'avait jamais été gravement malade. Aujourd'hui encore, il nous manque. Tout le monde l'aimait. Il était fin, il se fâchait rarement.

J'arrêtais pas de dire que s'il y avait un ciel mon père y était. Il n'avait pas de défaut. On dit toujours ça de ses parents, mais vraiment je lui cherche des défauts, je n'en trouve pas. Toute sa vie était orientée en fonction de sa famille. Y a pas de justice, il a été fauché jeune. Ça fait déjà 30 ans et on a encore ça frais en mémoire.

J'ai vécu un grand moment quelques années après son décès lorsque toute la famille Bergeron s'est réunie ; il y avait les enfants, les petits-enfants, je n'avais jamais vu autant de gens de la même famille à une soirée. Je m'excuse auprès de mes oncles et de mes tantes de ne pouvoir tous les nommer.

L'automne suivant, le Tigre n'a plus trop la tête au hockey…

Mon père était décédé, et j'avais de plus en plus de difficulté à suivre le rythme sur la glace. Je sentais que ma carrière chez les *seniors* tirait à sa fin.

J'ai rencontré mon Waterloo à Granby. J'étais derrière le but, et Pete Lambo, un colosse, m'a accroché, et alors on a jeté les gants. Mon patin est resté accroché dans le filet du but. J'en ai mangé toute une. J'avais le nez cassé, les yeux enflés. La douleur était insoutenable. Il fallait que j'aille à l'hôpital. Ce soir-là, j'étais vraiment écœuré du hockey. C'était la troisième fois que je me cassais le nez. En revenant, les yeux me coulaient, et j'ai dit : « Là, c'est fini ! » J'ai décidé de terminer la saison, mais je ne voulais plus me battre. À cinq pieds six pouces, j'en avais assez de me faire corriger. Tout le monde a voulu m'essayer quand même, mais je refusais de me battre. Je formais un trio avec René Breton et Gaétan Veilleux, l'ancien garde du corps de Robert Bourassa. Je me concentrais sur le hockey. À la fin de l'année, j'ai lâché. À 100 $ la *game*, ça ne valait plus la peine de se faire casser la gueule à tout bout de champ.

Il reste à Michel Bergeron sa job de livreur de cigarettes dans les machines distributrices, mais là non plus, la carrière ne va pas trop bien…

Je m'en souviens, c'était un 23 décembre. Toujours cette même année chez les *seniors*. J'étais dans le camion de livreur de cigarettes au coin des rues Darling et Sainte-Catherine. Il était cinq heures. Je n'avais plus un seul paquet de cigarettes, mais plein de fric. J'ai entendu un bruit derrière moi. Deux gars sont arrivés en vitesse, avec des lunettes fumées et une tuque sur la tête. Un des deux m'a pointé son fusil sur la tête. Je suis resté relativement calme, je lui ai crié : « Hé, qu'est-ce que tu fais là ? » Il m'a répondu, agressif : « Niaise pas, donne le *cash* ! » J'ai pas niaisé, je leur ai donné tout le *cash*.

Ils m'ont attaché dans le camion avec du *tape*. Je grelottais, il faisait noir. J'ai jamais eu autant peur de toute ma vie. J'ai pas bougé pendant cinq minutes. Puis, demandez-moi pas comment, j'ai réussi à me détacher complètement de mes liens et à passer à travers les portes du camion. Sans doute les nerfs. J'ai foncé vers la taverne, j'ai dit aux gars, que je connaissais tous : « Faut que j'appelle la police ! »

J'étais encore en contrôle de mes moyens, mais quand la police a répondu à mon appel, j'ai commencé à bégayer. Dans les mois qui ont suivi, j'avais peur, c'était épouvantable. Chaque fois qu'une automobile me suivait, j'y pensais. Mes deux frères travaillaient pour la même compagnie, et un de mes frères, Christian, a subi un *hold-up* lui aussi ; j'étais préoccupé parce que mes deux frères effectuaient le même travail que moi. Je voulais pas me faire tuer sur le camion. C'était devenu notre principal sujet de conversation.

Robert Bergeron et Lorraine Brunet
lors de leurs fiançailles, le 25 décembre 1943.

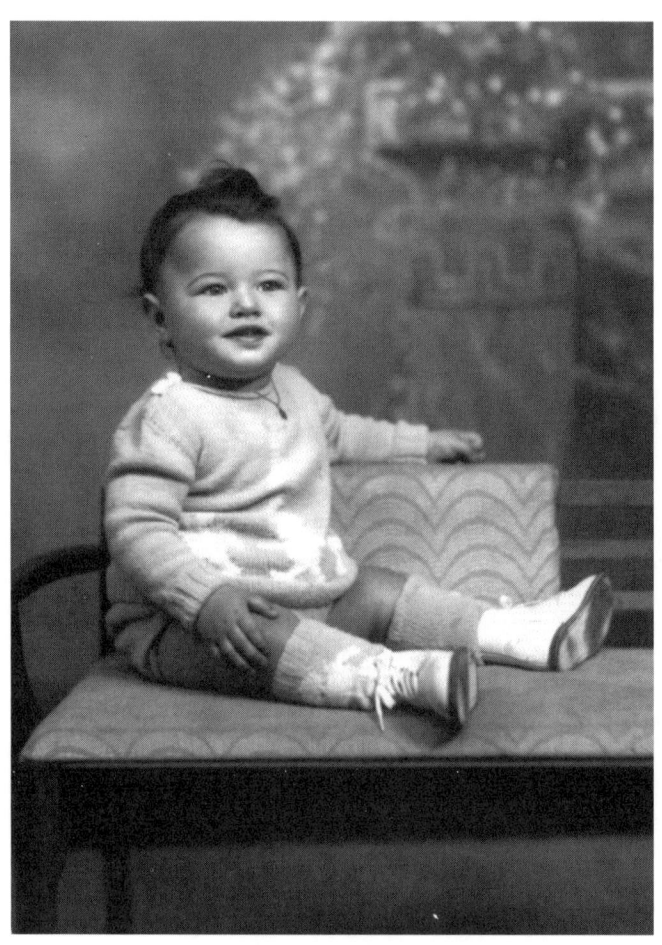

Michel Bergeron à 1 an.

Michel avec ses gants de boxe.

Michel dans les bras de son père Robert.

À l'hiver 1950.

À l'été 1950.

À l'été 1950.

Michel, 5 ans, en compagnie de sa sœur Francine, 3 ans.

Classe de 1re année, 1952-1953.

Avril 1960, Michel, 13 ans, est le capitaine de son équipe.

Une rencontre inoubliable avec Maurice Richard...

En 1962, à Cuba.

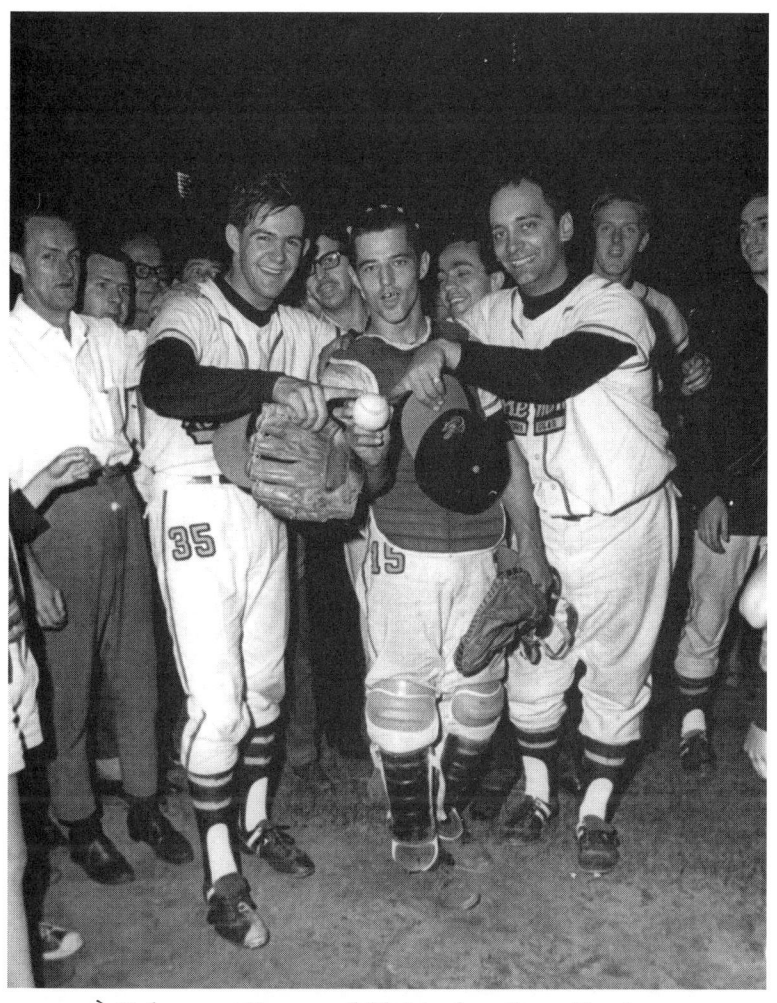
À Cuba, avec Raymond Thériault et Serge Trudeau.

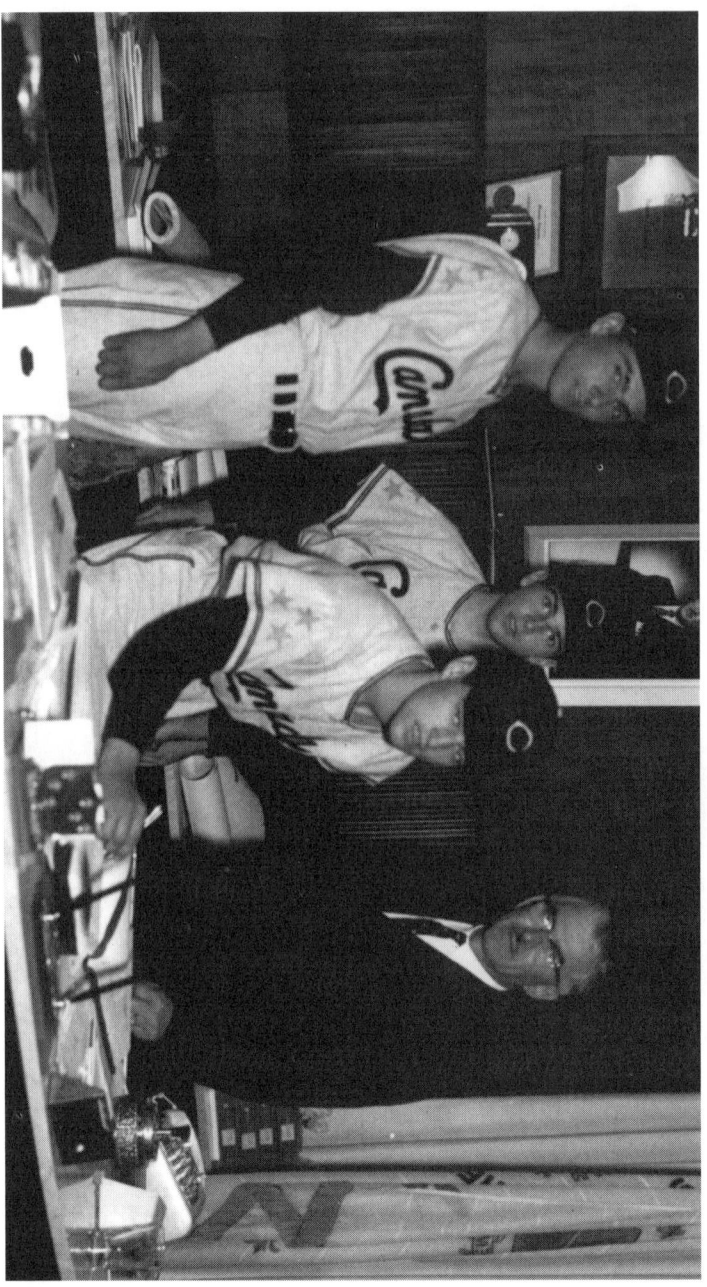

Bob Bastien, Michel Dubé, Michel Bergeron et Maurice Bergeron, maire de ville Saint-Michel.

Les parents de Michel en vacances.

En août 1967, à l'occasion de son premier mariage, en compagnie de la petite Claudine Côté, fille d'honneur et le père de Michel, Robert.

Le père de Michel à son bureau en 1967.

Robert Bergeron, à droite non identifié.

2

Un coach *est né…*

Nous sommes à l'été 1971. Michel Bergeron vient d'abandonner sa carrière de hockeyeur, son père l'a quitté pour un autre monde, chaque journée au travail lui apporte beaucoup de stress, il vit dans un modeste trois et demie avec sa femme et leur fille Anick. Bref, les choses pourraient aller mieux. Le destin entre alors en jeu…

Cet été-là, je me contentais de travailler sur le camion et de participer à des tournois de balle molle avec l'équipe de la brasserie du Métro, pour des bourses qui variaient entre 300 $ et 400 $. On passait beaucoup de temps à la brasserie, on jouait aux cartes, on prenait un coup.

Je savais que j'allais passer le reste de mes jours sur le camion, mais bon, ce n'était pas si grave, j'arrivais à oublier la job parce que j'étais très occupé. J'avais la balle molle et, l'hiver, je jouais dans des ligues de garage au hockey. Je me tenais aussi occupé avec le billard. Je jouais avec Richard Morency. Richard, en plus, allait ouvrir un magasin d'articles de sport. Dès qu'il fermait la boutique, le soir, il venait me rejoindre au billard et on jouait jusqu'à l'aube, avec mon frère Christian, Ron Martineau et quelques amis. On jouait parfois nos chèques de paye en entier…

Deux ans plus tard, par hasard, sur une plage d'Atlantic City…

J'étais en vacances avec ma femme et un couple d'amis, Claude et Simone Leclair. Nous marchions sur la plage. Le monde est tellement petit, j'ai croisé Jean Trottier, qui était le fondateur du Comité des jeunes de Rosemont et qui dirigeait aussi l'École de hockey moderne avec Gaston Marcotte. On a commencé à jaser.

Je connaissais bien les deux. Quand je jouais avec Gaston Desjardins au juvénile avec le Comité des jeunes de Rosemont, j'étais d'âge *midget*, et Trottier organisait des voyages de hockey. Je me rappelle, on devait porter le chapeau et la cravate. Moi, je n'avais pas de chapeau. Mon père avait son Buckley dans une belle boîte. Avant de partir, je prenais son chapeau en cachette et je le mettais dans mes poches. En arrivant dans l'autobus, je dépliais le Buckley pour me le mettre sur la tête. De retour chez nous, je remettais le Buckley dans la boîte et, quand mon père le récupérait, il se demandait toujours ce qui était arrivé au chapeau. Je faisais l'innocent. Ma mère savait mais elle ne disait rien non plus.

Revenons à cette rencontre sur la plage. Trottier a commencé à jaser de tout et de rien puis il m'a lancé :

— Je viens d'apprendre qu'un de mes *coachs* dans le *midget* ne revient pas.

J'ai comme une illumination soudaine. Pendant mes années chez les *seniors*, j'avais déjà donné un coup de main à une équipe *junior* B ; j'étais l'adjoint de Gaston Desjardins, l'un des meilleurs entraîneurs dans le hockey mineur à l'époque. L'équipe, les Cardinaux de Saint-Michel, appartenait à mon ami Richard Morency. J'avais aimé l'expérience. J'ai même remplacé Desjardins pendant quelques matchs alors qu'il était suspendu. Mais, je m'en souviendrai toujours, Richard avait voulu me congédier à la suite de ma courte expérience. Il n'aimait probablement pas ma façon de diriger. C'est Raymond Demers, le directeur général, qui m'avait sauvé…

Nous étions toujours sur la plage et j'ai répondu à Trottier :

— Ton *coach* revient pas ? Cherche plus, t'as trouvé ton nouveau *coach*.

— Toi, tu veux coacher ?

— C'est sûr ! Je suis un des plus grands *coachs* au monde…

— Parfait, je t'engage ! Mais c'est du bénévolat…

— Pas de problème !

Je suis rentré à Montréal, une semaine plus tard, fou comme un balai, mais je n'ai pas vraiment eu le temps de préparer le camp d'entraînement parce que j'étais trop occupé avec la balle molle.

Évidemment, je me vantais à tous mes *chums* que je commencerais à coacher en septembre. La première journée du camp, à l'Université de Montréal, on a reçu 60 joueurs. Tous mes amis étaient dans les estrades, ils étaient au moins une dizaine, les gars de la brasserie du Métro : Bob Polizeno, Ti-poil Campeau, Jean Tamaro, René Jean et Jean Saki…

J'ai souhaité la bienvenue aux joueurs et on a sauté sur la glace. Gaston Marcotte était là lui aussi, ses patins aux pieds. Je me demandais bien ce qui se passait. Je n'avais pas encore digéré la surprise qu'il a commencé à sortir les cordes et les barils pour faire patiner les joueurs. J'étais humilié. Surtout que je voyais mes amis dans les estrades et me demandais ce qu'ils pensaient. J'ai quitté l'aréna sur-le-champ en me disant que le hockey venait de perdre un grand *coach*... pis on est retournés à la brasserie toute la gang prendre un coup !

Le soir, Jean Trottier m'a téléphoné à la maison :

— As-tu perdu la tête ?

— Trottier, tu m'engages comme entraîneur et c'est Marcotte qui dirige les opérations. Ça ne m'intéresse pas...

Le lendemain, j'étais le seul *coach*. Ça a été le début d'une longue carrière dans le *coaching*. L'année suivante, j'étais promu aux Élites de Rosemont, dans le *midget* AAA de l'époque.

Les succès ne tardent pas...

La première année avec les Élites de Rosemont, je voulais que ça fonctionne, je voulais le plus d'heures de pratique possible. Jean Trottier m'en a trouvé, mais le samedi soir à dix heures, au *East End Boys Club*, sur la rue Hochelaga. Je devais donc sacrifier la fin des matchs du Canadien à *La Soirée du hockey* pour aller à l'entraînement. Après les pratiques, avec Robert Desjardins, le gérant, Florian Lemarbre, coordonnateur du club, et Jean Trottier, on allait manger notre *club sandwich*. Je disais toujours à Desjardins que j'avais pas une cenne, parce que j'étais sur le *truck*. J'avais de quoi payer mon loyer, mais pas beaucoup plus. Quand Trottier ne payait pas, Desjardins le faisait…

Cette saison-là, comme on avait un gros club, on a gagné le titre et on est allés disputer le championnat du Canada en Ontario. J'avais un petit problème pour ces championnats. J'étais juste un chauffeur de *truck*, j'avais juste un complet, pas quatre, et il fallait pourtant que le *coach* puisse s'habiller convenablement pour cette grande compétition. Surtout qu'il y avait quatre ou cinq matchs, et je ne pouvais pas toujours porter le même habit. J'ai réussi à m'arranger avec mon directeur général, Robert Desjardins, qui, lui, avait deux complets et un *jacket*. Avant les matchs, on échangeait nos vêtements. J'ai coaché quatre *games*, et j'ai jamais mis le même habit deux fois! Pis on a gagné le championnat canadien…

La saison qui a suivi ce championnat, on a assisté à la naissance des Jeunes Sportifs d'Hochelaga (JSH) dans la Ligue *junior* B métropolitaine. Gaston Desjardins, dont j'avais été l'adjoint chez les *juniors* B, a été choisi à titre d'entraîneur des Montréal 68 des JSH. Jean Trottier voulait m'avoir encore un an dans le *midget*, mais Pointe-aux-Trembles, un autre club du *junior* B, m'a téléphoné pour m'offrir le poste d'entraîneur-chef. J'ai rencontré Roland Froisy et Pierre Marcaurelle. L'idée ne plaisait pas à Trottier, qui prétendait que je lui devais encore un an. Tant pis pour lui. Une grande rivalité est alors née. Rodger Brulotte a été nommé adjoint de Desjardins avec le Montréal 68, tout comme Réal Lelièvre, pour qui j'avais travaillé au baseball. Après leurs matchs, ils se retrouvaient tous chez *Michelle Barbecue*, sur la rue Ontario, qui appartenait à notre ami André Bonenfant. Moi, après les matchs, je partais de Pointe-aux-Trembles en compagnie de Doris Lamoureux (que j'avais embauché comme soigneur de fortune) et j'allais les rejoindre. Ils étaient mes amis et mes adversaires à la fois. Rodger aimait tellement le poulet de *Michelle Barbecue* qu'il est devenu copropriétaire de l'établissement…

À la fin de cette saison, nos deux équipes se sont retrouvées en finale. Durant l'année, Raymond Demers travaillait à l'aube et il me téléphonait tous les matins pour me réveiller. Pendant un mois, toutefois, il ne m'appela plus parce qu'on s'était chicanés. En finale, on menait 3 à 0 dans la série. Il y avait de l'action. Mais nos rivaux sont revenus de l'arrière : 1-3, 2-3, 3-3…

Avant le septième match, Demers m'a téléphoné à cinq heures et demie du matin. Ça m'a porté chance. On les a éliminés dans la partie décisive. Rodger, Gaston et Réal n'ont pas digéré que Raymond m'ait téléphoné le matin. Je suis resté proche de Raymond. C'est celui qui me disait toujours, dans mes années avec les Nordiques, que j'allais diriger le Canadien quand les choses tourneraient mal avec les Nordiques.

LE TIGRE À TROIS-RIVIÈRES…

Après sa conquête du championnat canadien chez les midgets, Michel Bergeron a autant de succès dans le junior B, avec les Jets de Pointe-aux-Trembles. Autre championnat.

Son mariage, par contre, bat de l'aile. À cause du sport, il n'a peut-être pas toujours consacré le temps qu'il fallait à sa femme Louise, qu'il a connue dès l'âge de 15 ans. Mais le destin, une fois de plus, se chargera de transformer sa vie. Le destin, ou peut-être plutôt une audace peu commune...

C'était un midi d'octobre 1974. Mon automobile était immobilisée à un feu rouge sur le boulevard Saint-Michel. Soudain, j'ai remarqué cette belle rousse dans l'automobile à gauche. J'ai eu un coup de cœur. Quand le feu est passé au vert, elle est partie sans me voir. Sans hésiter, j'ai remonté jusqu'à elle, j'ai klaxonné et je lui ai fait de grands signes en lui demandant de se ranger à droite. Elle avait l'air un peu surprise, mais finalement, elle a stationné son auto. Je me suis approché de sa voiture, elle a baissé un peu la vitre et elle m'a demandé ce qui n'allait pas. Elle croyait qu'il y avait peut-être un problème avec son auto. Je lui ai répondu que je voulais simplement lui parler, que je voulais faire sa connaissance. Elle étais un peu farouche, et elle voulait repartir. J'ai insisté :

— Il faut absolument qu'on se revoie, ça me prend ton numéro de téléphone...

Elle me donne plutôt le numéro d'une de ses amies chez qui elle va souper.

— Je t'appelle ce soir à 21 heures !

À 21 heures précises, après sa pratique, il téléphone à cette Michèle qu'il vient de rencontrer sur le boulevard Saint-Michel dans le quartier Saint-Michel. Il ira la chercher et ils passeront leur première soirée ensemble. Ils ne s'en doutaient peut-être pas encore mais, 27 ans plus tard, ils allaient être encore unis...

MICHÈLE BERGERON RACONTE...

Ce midi-là, je suis allée chez le coiffeur. J'étais un peu déprimée parce que je n'aimais pas mon travail. Je n'ai pas remarqué Michel au feu rouge parce que je feuilletais le journal dans la section «Offres d'emploi». J'ai démarré au feu vert et tout à coup je l'ai vu arriver à ma hauteur par la droite. Habituellement, un gars qui veut te flirter t'aborde avec le sourire. Lui, il était très sérieux. Il me faisait de grands signes pour que je me range à droite. J'étais convaincue qu'il y avait un problème avec ma voiture. J'ai une vieille Datsun rouge toute rouillée et, une semaine avant, j'avais perdu mon silencieux dans la rue.

J'ai tourné sur une petite rue perpendiculaire, il s'est arrêté derrière, mais je ne suis pas sortie de l'auto. J'étais un peu méfiante. Je me suis adressée à lui :

— Qu'est-ce qui ne va pas?

— Rien, je voulais te parler.

J'ai pris mon air et j'ai reparti le moteur...

— Non, non, attends, qu'il me lance. Pars pas. C'est pas ce que tu penses. Je t'ai vue tantôt dans l'auto puis je t'ai trouvée pas mal de mon goût. J'aimerais beaucoup te connaître, te parler.

Je trouvais ça un peu drôle, ça me faisait peur. Je lui ai dit que je n'étais pas intéressée. Il m'a demandé alors ce que je faisais dans la soirée. J'allais souper chez mon ancienne voisine.

Il a répondu : « Ça tombe bien, j'ai du hockey ce soir, mais ça se termine à neuf heures. » On discute un peu de son hockey pour découvrir que nous avons des amis communs. Ça me met un peu plus en confiance. Il m'a alors dit : « Si tu me donnes ton numéro de téléphone, je pourrais t'appeler, on pourrait aller prendre un verre quelque part à ton choix. Je veux te connaître. »

Je commençais à le trouver de mon goût, il était pas mal *cute*, mais je n'aimais pas beaucoup la façon dont il venait de m'aborder.

J'ai raconté l'histoire à mon amie. Elle n'en revenait pas. Un véritable roman. Après le souper, on a regardé un film à la télé, un film d'amour. Moi, j'étais séparée depuis deux ans. À la fin du film, j'avais la larme à l'œil. À neuf heures pile, le téléphone a sonné. Mon amie m'a regardée et on a ri.

Il est venu me chercher dans sa Mustang gris argent. C'était très propre et ça sentait bon dans l'auto. Lui aussi était impeccable. Je ne connaissais pas tellement les bars, alors il m'a emmenée au *Bobino bar*. C'était un piano-bar pas tellement loin de son travail. On a jasé, on a dansé... puis on est tombés en amour. Paf ! Comme ça. Le gros coup de foudre ! Je me rappelle très bien la première danse. Quand il m'a prise dans ses bras ce soir-là, je me suis dit que je pourrais rester dedans pour le reste de ma vie tellement j'étais bien. Un sentiment très fort, inexplicable. C'est comme si tu trouvais le bon morceau du casse-tête de ta vie. À partir de ce moment, j'ai su ce que voulait dire le mot *destin*. Quatre mois avant notre rencontre, mon père était décédé de façon tragique. Il a été brûlé à son travail. L'accident a eu lieu le 12 juin 1974, le jour même de l'anniversaire de Michel. Il est décédé trois semaines plus tard, après un long martyre. Ça a été le plus grand drame de ma vie. J'adorais mon père. J'étais dévastée. J'ai toujours pensé que le bon Dieu m'avait enlevé cet homme que j'aimais tant et m'en a envoyé un autre à aimer.

La carrière de Michel Bergeron prendra un envol aussi spectaculaire que sa vie amoureuse au cours de cette période.

Je commençais à flirter avec des équipes de la Ligue de hockey *junior* majeure du Québec. Un an auparavant, j'avais rencontré Rodrigue Lemoine, qui était à la tête des Éperviers de Sorel, la grosse équipe chez les *juniors*. Je coachais alors dans le *junior* B à Pointe-aux-Trembles. Lemoine venait de congédier son entraîneur, Yvan Gingras. Je m'étais rendu à Sorel. Nous avions eu un bon *meeting* en compagnie de Roland Salois, son dépisteur-chef.

Lemoine, qui faisait la pluie et le beau temps dans la Ligue, m'a lancé : « Toi, tu vas coacher mon équipe ». Je lui ai répondu que ça m'intéressait, mais qu'il me fallait un contrat. Lui, il voulait plutôt payer ses entraîneurs au mois. Je savais à quel point Lemoyne pouvait être impatient avec ses entraîneurs et je ne pouvais accepter son offre.

Dans l'après-midi, je suis quand même allé voir jouer son club. Quelle équipe! Un club champion. Il y avait de grands joueurs : Pierre Larouche, Michel Déziel, Jacques Cossette, Lucien Deblois et Pierre Mondou. Lemoyne m'a aperçu dans les estrades avant le début du match. Il voulait que j'aille derrière le banc sur-le-champ.

— Désolé, pas de contrat, pas de *coach*...

— Toi, ça me surprendrait que tu reviennes dans le *junior* majeur. Je vais m'occuper de ton cas…

Environ un an plus tard, deux mois après sa rencontre avec Michèle, sa future épouse, le téléphone sonne chez Michel Bergeron.

C'était le 10 décembre 1974. J'en étais à ma deuxième saison avec Pointe-aux-Trembles. Au bout du fil, j'avais Sylvain Saint-Mars, des Draveurs de Trois-Rivières. Il voulait me rencontrer avec René Young, son dépisteur-chef. Moi, j'étais convaincu qu'ils voulaient me parler de certains de mes joueurs parce que j'avais un bon club à Pointe-aux-Trembles. Il n'était pas rare que certains de mes gars soient promus à un club du *junior* majeur. On avait fixé un rendez-vous, mais ce qui m'embêtait un peu, c'est que j'avais un match de tennis.

— J'ai pas beaucoup de temps, à peine une demi-heure. Arrivez à temps, s'il vous plaît…

À huit heures, ils étaient au rendez-vous. J'ai trouvé une chose à leur dire dès que je les ai vus :

— J'ai pas beaucoup de temps, dépêchez-vous!

On était dans le *lobby* de l'aréna à Saint-Michel.

— Écoute, Michel, on n'est pas venus pour te parler de tes gars, mais de toi. On veut que tu diriges notre club.

J'étais estomaqué. Je ne comprenais pas. Pourtant, ils avaient un bon *coach*, Claude Dolbec, et les Draveurs étaient même en tête de leur division…

Bon, quand même, j'ai laissé tomber mon match de tennis et demandé à mon cousin, André Constantineau, qui était le gérant de l'aréna, de nous trouver un bureau. On a parlé, parlé, parlé. Ils m'ont demandé d'assister au match de l'équipe à titre de spectateur le lendemain. Ce que j'ai compris, c'est qu'ils voulaient plus de discipline au sein de leur équipe et que Dolbec n'imposait pas cette discipline aux joueurs. Le *coach* travaillait à Trois-Rivières mais habitait Shawinigan. J'imagine que les souris dansaient quand le chat était parti…

Le lendemain, j'ai appelé mon *chum* Richard Morency, je lui ai raconté tout ça et lui ai demandé de m'accompagner à Trois-Rivières pour le match. Il est venu me chercher après mon entraînement à Pointe-aux-Trembles. Il n'était pas question de rater aucune pratique, j'étais malade de l'entraînement. C'est Morency qui conduisait; je pense qu'il a roulé à 150 milles à l'heure de Montréal à Trois-Rivières! Il était convaincu que je ne rentrerais pas à Montréal

Dans les estrades, on passait *incognito*, personne ne nous connaissait vraiment ni ne savait pourquoi on était là. Tout s'est déroulé très vite par la suite. Après le match, on s'est rendus chez Fernand Bédard, un des actionnaires. On y a rencontré les frères Mongrain, propriétaires de l'équipe. Et Yvon Monfett, l'administrateur du club. Richard était comme mon agent. Il voulait absolument que j'aille coacher là-bas, d'autant plus que j'avais déjà refusé les offres du National de Laval et des Éperviers de Sorel. On m'offrait 16 000 $ et 18 000 $ pour les deux premières années. Je gagnais peut-être 10 000 $ sur le *truck*. Les négociations ont duré toute la nuit. Richard négociait, et moi je l'attendais au sous-sol. Il venait me faire part des négos aux 15 minutes. Il me disait : « Michel, ils sont sérieux ». Je faisais mon gars difficile. À un moment, je lui ai lancé : « Ils sont pas sérieux. S'ils sont sérieux, demande-leur de me payer mon déménagement… »

J'étais un peu naïf, mais ils ont accepté de payer mon déménagement comme si de rien n'était. Je faisais un peu mon difficile aussi parce que j'étais déchiré à l'idée de déménager, de quitter mes *chums*.

UNE CERTAINE GRÈVE…

Michel Bergeron est loin de se douter des ennuis qui l'attendent dans ses premiers jours à Trois-Rivières…

Après cette nuit de négociations avec moi, la direction de l'équipe a rencontré Dolbec pour lui demander sa démission. Dolbec n'a pas eu le choix de quitter son poste, mais les joueurs, eux, n'acceptèrent pas la décision de la direction de l'équipe. Pour contester le départ de Dolbec, ils ont décidé de faire la grève !

Moi, je n'étais au courant de rien. Je suis revenu à Montréal chercher mes effets personnels, j'ai rencontré ma mère, mes frères et ma sœur. J'étais heureux, je leur ai annoncé la bonne nouvelle de mon embauche. J'ai aussi appelé tous mes *chums* pour partager ma joie. J'étais aussi bouleversé parce que ma fille Anick venait d'avoir trois ans. Pour ma femme Louise, il n'était pas question de m'accompagner à Trois-Rivières. C'était compréhensible parce qu'elle passait le plus clair de son temps seule. C'était l'époque où je dirigeais; je jouais dans trois ligues de garage et, l'été, je jouais à la balle molle en semaine et en fin de semaine.

Une bonne chose toutefois, je lâchai enfin ma job de camionneur qui me stressait depuis le jour où j'avais été victime du *hold-up*.

Finalement, à mon retour à Trois-Rivières, j'ai appris la nouvelle de la grève. J'étais assommé. Mais j'avais un contrat en poche, et l'un des propriétaires, Théo Mongrain, m'a donné la main en me disant : « On est derrière toi ! » Pour moi, il n'était pas question de retourner sur le camion, alors j'ai décidé de foncer. Mais je peux vous assurer que j'ai remis le déménagement officiel à plus tard…

L'entrée en scène de Michel Bergeron avec les Draveurs de Trois-Rivières s'effectue dans la zizanie totale. Trois joueurs seulement prennent part à l'entraînement… devant des gradins remplis à capacité. En effet, Paul Charest, de CKTM-TV, Claude Loranger, de l'Hebdo-Journal, Romain Saint-Cyr, de CHLN, André Poitras et André Côté, des journalistes de l'écrit, ont incité la veille les gens à assister à cet entraînement pour chahuter le nouvel entraîneur. Plus tard, les cinq deviendront les grands amis de Michel…

UN *COACH* EST NÉ...

La scène était presque irréelle. J'étais sur la glace avec seulement trois gars, Michel Boileau, Michel Comtois et Yves Richer. Eux, ils ne faisaient pas la grève, ils voulaient jouer au hockey. Le Colisée était rempli à pleine capacité; ils étaient 3 000 spectateurs à hurler : « BERGERON, VA-T'EN CHEZ VOUS ! »

Moi, j'avais fait venir Ménick, Rodger Brulotte, Pierre Lacroix et Richard Morency : les quatre se promenaient dans la foule en disant aux gens de se calmer, qu'ils avaient sous les yeux un très bon *coach*. Rodger en mettait en affirmant que j'étais le plus grand *coach* du monde...

J'ai fait la pratique quand même, avec les trois gars. On ne faisait que patiner devant cette foule hostile. Une fois l'entraînement terminé, je me suis rendu à mon bureau. Il y avait du monde partout dans les corridors. J'ai rencontré les médias : il y avait beaucoup de journalistes, je commençais à être un peu impatient. Je me souviens de ce que Marc Lachapelle, du *Journal de Montréal*, m'avait dit à la conférence de presse :

— Bergie, je m'excuse, mais je pense que tu passeras pas...

— Hein ? Quoi ? Donne-moi au moins une chance. Je veux coacher.

— Y a trop de gens qui sont contre toi...

J'ai compris au fil des jours qui ont suivi ce que Lachapelle voulait dire. Dans certains restaurants, dont le *Sorrento*, qui appartenait à Jean-Yves Descormiers, on a refusé de me servir. Descormiers, lui aussi, deviendra par la suite mon grand *chum*... La même chose s'est produite à une station d'essence.

C'était tellement pathétique que certains ont eu pitié de moi. Un jour, en revenant d'un restaurant où la serveuse avait refusé de me servir, la police m'a intercepté sur la route. J'étais en compagnie de Rodger et de Richard. Le policier a regardé mes enregistrements; il m'a reconnu à mon nom sur le permis.

— Michel Bergeron... Câlisse! je te donnerai pas de *ticket*, ça va déjà assez mal pour toi de même...

Dans la tempête, le directeur général, Sylvain Saint-Mars, a démissionné. J'assumais désormais les deux fonctions de DG et de *coach*. Il fallait faire revenir les joueurs au plus sacrant. Ceux-ci logeaient à la station de radio CJTR, où ils faisaient un genre de *sit-in*. Ce sont deux journalistes de l'époque, Yves Goulet et Richard Proulx, le futur annonceur des Sénateurs d'Ottawa, qui hébergeaient les joueurs. Ceux-ci étaient comme sur un *party*...

Deux jours plus tard, j'ai finalement rencontré le capitaine de l'équipe, Mario Rouillard. J'ai convoqué une réunion quelques heures plus tard. L'ambiance n'était pas très chaleureuse dans le vestiaire. Quand je suis entré, tous les joueurs étaient là. Ils ont installé la chaise de Dolbec au milieu de la pièce.

Il fallait que je sois percutant :

— Écoutez, les *boys*, sacrament! C'est la vie, ça. Un part, l'autre arrive. Si c'est pas moi, ça sera un autre...

Un joueur, je crois que c'est Pierre Fournier, m'a lancé alors :

— Monsieur Dolbec, lui, ne sacrait pas...

Je lui ai dit que je m'excusais, que ça ne m'arrivait pas souvent. À l'époque, je n'avais pas beaucoup de mots dans mon vocabulaire...

UN *COACH* EST NÉ...

Par la suite, j'ai rencontré les joueurs individuellement. J'ai vu qu'il y avait du bon dans plusieurs joueurs. Certains m'ont avoué qu'ils avaient fait ça pour avoir du plaisir, pour casser la routine. Finalement, comme dans n'importe quoi, quand les leaders entrent dans la parade, les autres suivent. Tout le monde est rentré au bercail trois jours après mon arrivée.

Je n'ai pu faire qu'un seul entraînement avant mon premier match avec les Draveurs. Ironiquement, cette première rencontre a eu lieu... à Québec. Je suis parti avec le club pour la Vieille Capitale, mais Sylvain Saint-Mars et René Young, qui étaient toujours dans l'entourage de l'équipe, ont décidé de rester à Trois-Rivières. J'étais seul et je ne connaissais pas un joueur. Pas un seul !

Pour cette première *game* à Québec, je m'en souviendrai toute ma vie, on s'était fait planter 7 à 0 ! Marc Picard, qui coachait les Remparts, est venu me voir après le match et il m'a dit : « Ça sera pas facile, Bergie... »

J'étais tellement perdu. J'avais un dur à cuire, un bon gars, Daniel Horne, et je l'avais fait jouer sur le jeu de puissance dans cette *game*-là. Il s'était retourné sur le banc et m'avait dit : « T'es sûr que tu veux me faire jouer sur le jeu de puissance ? » Moi, je ne savais pas, je ne connaissais personne...

La rencontre suivante avait eu lieu à Trois-Rivières. C'était pas trop accueillant, pas chaleureux. Je marchais sur la pointe des pieds. Je restais au motel, je n'osais pas défaire mes valises. Je me demandais combien de temps j'allais être là. Je ne voulais pas retourner sur les camions, ça, c'était sûr. J'étais déboussolé.

On s'est retroussé les manches, on a bûché fort avec Sylvain et René. On a fait des tas d'échanges. Plus ça allait et plus les gens nous acceptaient. Ils aimaient le spectacle. J'avais une équipe pas mal complète. J'avais du talent, de la rapidité, mais aussi beaucoup de caractère. Probablement le club le plus robuste de la Ligue. D'ailleurs, durant mes six années à Trois-Rivières, je me suis fait un devoir d'avoir toujours trois ou quatre costauds dans ma formation.

Il y a eu un petit problème sur le plan de la discipline, par contre. Et là, je me suis dit : « Bergeron, si tu veux passer, il faut que tu règles ça rapidement ! » C'est là que j'ai réalisé, un certain samedi soir, en vérifiant le couvre-feu, qu'il me manquait 17 joueurs sur 20 ! J'ai téléphoné à René et à Sylvain pour leur annoncer que le *party* était terminé. J'ai fait le tour des discothèques connues de Trois-Rivières, le *Blue Bird* et le *Pavillon mauricien*. J'allais chercher les joueurs sur la piste de danse en leur disant que je leur donnais deux minutes pour rentrer. Les demoiselles qui accompagnaient les joueurs m'insultaient. Elles me disaient : « Pour qui tu te prends ? Tu feras pas la loi ici ! » Je leur répondais avec un clin d'œil…

On a finalement gagné le championnat de division, malgré tous les problèmes qu'on a eus. Après le dernier match de la saison régulière, les joueurs m'ont porté sur leurs épaules sur la patinoire du Colisée de Trois-Rivières. Je pleurais comme un veau. Ça avait été tellement dur d'être accepté au départ, accepté par les joueurs, les *fans*, une ville au complet qui semblait me détester.

Mon frère Christian et son épouse Lyne étaient sur place ce soir-là, de même que Michèle. Je m'en souviendrai tout le temps, elle avait mis son manteau de suède neuf mais, avec le champagne, dans le vestiaire, le manteau a connu sa dernière soirée.

Je goûtais à ce championnat et je revoyais mes nuits au motel, mes longues journées avec Mme Mongrain et son bébé à me chercher un logement. Cette même Mme Mongrain qui me faisait à manger à toute heure du jour et de la nuit. Je revoyais mes soirées au *J. J. Steak House*, où je pouvais rester jusqu'à trois ou quatre heures du matin avec Sylvain Saint-Mars et René Young à discuter de plans d'action pour améliorer le club. J'étais heureux pour eux aussi. Je les ai tellement accaparés. Eux, ils travaillaient tôt le matin. Pas moi. Mais je ne voulais pas les voir quitter le restaurant, je n'avais pas d'amis à Trois-Rivières et je ne voulais pas me retrouver seul...

Cette année-là, toutefois, les Draveurs seront éliminés en séries par les Voisins de Laval, qui comptaient sur le redoutable marqueur Mike Bossy et le gardien Robert Sauvé. Peu importe, Michel Bergeron, contre toute attente, a vu son cauchemar se transformer en conte de fées...

DIFFICILE DE COUPER LES PONTS AVEC MONTRÉAL

Malgré son triomphe, Michel Bergeron ne vit pas exactement dans l'opulence à Trois-Rivières. Il a un appartement minuscule dans un sous-sol au Cap-de-la-Madeleine. Il est séparé de ses amis d'enfance. Bref, l'adaptation à sa nouvelle vie est plutôt lente.

Michèle venait me voir à l'occasion, mais j'étais presque toujours seul parce qu'elle travaillait à Montréal ; elle avait aussi deux enfants à élever et veillait sur sa mère malade. Un an après mon arrivée à Trois-Rivières, dans la même semaine, elle a perdu son emploi et sa mère est morte. Le soir de l'enterrement, je lui ai demandé de venir me rejoindre pour de bon. On ne se s'est plus jamais quittés. J'étais un peu serré parce que je payais la pension pour ma fille Anick, mais j'étais vraiment décidé à avoir Michèle auprès de moi.

Avant qu'on prenne cette décision, j'étais souvent à Montréal. Après mes entraînements, il n'était pas rare que je rentre voir mes *chums*. Je n'avais pas coupé les ponts, mon cœur était encore là-bas. Sylvain Saint-Mars, René Young et les Mongrain prenaient soin de moi, mais je me sentais isolé. Je ne dormais pas beaucoup. Quitter Montréal me demandait une adaptation importante. Je ne sais pas comment j'aurais passé à travers sans ces gens qui m'ont accueilli à Trois-Rivières : les trois actionnaires de l'équipe à l'époque, Bertrand Verner, Guy Poirier et Pierre Marchand, s'occupaient de moi comme si j'avais été leur fils. Ma secrétaire, Louise Lesieur, était extraordinaire; elle s'occupait de tout, et elle me racontait tout ce qui se disait de moi à Trois-Rivières, en bien et en mal.

Lentement, le Tigre s'est fait une niche.

J'ai commencé à fraterniser un peu plus avec les journalistes. Tranquillement, je me suis lié d'amitié avec Normand Boissonnault, Jean-Marie Tancrède, Denis et Fernand Bouchard, Gaston Thibault, et leurs femmes sont devenues les amies de Michèle. J'ai aussi connu à cette époque Claude Loranger et Paul Charest, avec qui j'ai fait des écoles de hockey. Je me suis mis au golf. Je pouvais enfin me le permettre parce que je faisais un peu plus de sous.

Avec les succès des Draveurs, Bergeron devient une vedette bien en vue à Trois-Rivières.

À un certain moment, j'ai cru que je terminerais ma vie à Trois-Rivières. C'était devenu ma ville. J'étais intégré. J'allais de moins en moins à Montréal. Mon frère Christian, qui coachait une équipe *junior* A, me rendait visite une fois par semaine. Il m'amenait des joueurs. Il me rendait aussi le service d'emmener ma fille Anick; ça me permettait de la voir plus souvent. Si j'avais besoin de quelque chose à Montréal, c'était mon frère qui faisait la navette. C'était pas tellement loin, pour la famille. J'avais beaucoup d'amis, mes *chums* golfeurs... des gars avec qui je travaillais chez les Draveurs, Fernand Bouchard qui était physiothérapeute,

Denis Bouchard, le gérant des Barons du Cap-de-la-Madeleine, le club-école des Draveurs, et Jean-Marie Tancrède, qui était relationniste. Leurs trois épouses sont devenues de bonnes amies de Michèle.

La preuve que Michel Bergeron est à l'aise dans son nouveau milieu, c'est qu'il recommence à jouer des tours...

À Trois-Rivières, j'avais trois partenaires de cartes réguliers : Claude Proulx, Bertrand Verner et « *Sniff* » Dubé. Malheureusement, les trois sont décédés aujourd'hui. Pour vous situer un peu, Claude fabriquait les rondelles pour la Ligue nationale de hockey et la Ligue de hockey *junior* majeure du Québec. Il aimait bien prendre des vacances dans le Sud en hiver. Cette année-là, il était allé au Mexique. À son retour, il est venu me voir au bureau, tout bronzé, l'air un peu fendant avec sa chemise à fleurs et ses sandales. On était pourtant en plein mois de février...

On a décidé d'aller voir un match de hockey à Verdun. Nous étions dans sa Cadillac avec Proulx, Verner, Alfred Vigeant, qui était le président des Draveurs et qui est lui aussi décédé, et Denis Bouchard, un de mes amis qui s'occupait du Cap-de-la-Madeleine dans le *junior* A. Après le poste de péage pour rentrer à Montréal, il m'a laissé le volant parce que je connaissais mieux la ville que lui. À l'aréna de Verdun, Claude Proulx parlait à tout le monde, tout fier d'être bronzé. Il avait toujours sa chemise à fleurs pis ses sandales... en pleine tempête de neige. Il en menait large. Il a croisé

Marc Lachapelle et lui a dit : « Bergeron a l'air malade... Regarde-le, il est tout blanc... Moi je suis tout basané... »

On est revenus à Trois-Rivières après le match. On a fait la même chose : j'ai conduit jusqu'au poste de péage, puis je lui ai cédé la place. J'ai mis le 25 cents dans la boîte, j'ai avancé d'une cinquantaine de pieds, puis je lui ai dit : « Claude, viens conduire, c'est l'autoroute... » Il a répondu : « Oui, mon ami... »

Au moment où il faisait le tour de l'auto pour prendre ma place sur le siège du conducteur, j'ai pesé sur l'accélérateur. Les gars sont partis à rire. La scène était vraiment drôle parce qu'il y avait toute une tempête de neige pis que notre ami Claude était toujours en sandales avec sa chemise à fleurs...

Alfred Vigeant en pissait dans ses culottes : « O.K., Michel, c'était drôle, mais maintenant on va aller le chercher... »

Je lui ai répondu : « Quoi ? Non, tu comprends pas, Alfred. Pour que la *joke* soit bonne, il faut se rendre à Trois-Rivières sans lui... »

J'ai pris la vieille route, mais là, j'ai eu peur en tabarnouche parce que je savais que Proulx était capable de tout. J'avais un drôle de *feeling*. Je me suis retourné vers Verner et je lui ai dit : « Monsieur Verner, pourriez-vous conduire ? Je me sens un peu fatigué... »

Je me suis arrêté le long du chemin ; Verner a été plus malin que Proulx, il a pris les clés de l'auto avec lui. J'avais envie de le laisser sur le bord de la route lui aussi ; j'ai cherché un autre *set* de clés dans le coffre à gants, mais il est revenu trop vite...

Verner prend donc le volant. Quand on est arrivés à Maskinongé, il y avait un énorme barrage policier pour nous accueillir. Ils étaient je ne sais pas combien et ils braquaient tous des carabines dans notre direction. Proulx avait téléphoné à la police pour leur dire qu'on avait volé sa Cadillac et qu'on était armés…

J'ai baissé ma vitre et j'ai dit aux policiers : « Écoutez-moi, je suis Michel Bergeron, le *coach* des Draveurs de Trois-Rivières. Je vais tout vous raconter…»

Les policiers, évidemment, étaient en furie. Surtout avec la tempête de neige. Ils nous avaient pourchassés et la route était glissante…

Alfred Vigeant, qui est avocat, répétait : « Parlez pas… Personne ne parle… C'est trop grave…» Moi, j'avais un fou rire incontrôlable, je ne faisais que rire. Même au poste! Parce qu'ils nous ont quand même emmenés au poste. Et là, j'ai demandé à un policier : «Est-ce que je peux parler à Claude Proulx?» Le policier m'a répondu : « Je ne crois pas, il est en train de signer des papiers pour signifier qu'il porte plainte.» J'ai répondu : «Vous ne comprenez pas… c'est notre *chum*… Il ne peut pas porter plainte, voyons donc! Je veux le voir!» L'autre me répond : «Non. Il est en furie.» J'insiste encore : «On n'est pas des criminels, on a fait une farce…»

Le policier a finalement accepté. Quand la porte s'est ouverte, j'ai éclaté de rire… Mon Proulx était trempé de la tête aux pieds… avec sa chemise à fleurs… pis il avait les cheveux dans le front… Je riais, je riais, puis subitement, j'ai pris un air sérieux. «Toé, mon Proulx, tu nous fais arrêter, nous autres… tes *chums*.

J'en reviens pas…» Il a dit : « Mais vous m'avez laissé sur l'autoroute, mes tab…»

Finalement, il n'a pas porté plainte et on est sortis tous ensemble, alors que le soleil commençait à se lever. Je disais aux autres de se dépêcher : « Venez-vous-en, on le laisse icitte…», mais Proulx est sorti au même moment. Le chanceux…

Michel Bergeron est une figure tellement populaire à Trois-Rivières qu'on l'invite à participer à tous les événements d'envergure de la ville.

Une fois, je prenais part à une course de chevaux à Trois-Rivières. J'étais tellement gâté qu'on m'a donné une fois de plus ce qu'il y avait de mieux, le meilleur cheval du lot. J'aime parier ; j'ai donc lancé des défis aux autres participants, des journalistes, des personnalités. Tout le monde a misé, pas une énorme somme, mais quand même. Le propriétaire du cheval m'a prévenu : « C'est le meilleur cheval… mais ne le fouette surtout pas…», puis il m'a donné un fouet. Il a répété : « Ne le fouette pas…»

La course a commencé. Sur la ligne de départ, il y avait Toto Goyette, un photographe de Trois-Rivières, Paul Charest et Claude Loranger, des journalistes. J'ai fait un départ incroyable avec mon cheval. J'étais convaincu que j'avais le meilleur, que j'étais invincible. Tout à coup, Toto Goyette est arrivé… Il était en train de me dépasser. J'avais le fouet dans les mains… Paf! j'ai donné un méchant coup de fouet, mais là, mon cheval a freiné subitement. J'ai terminé la course sixième et dernier. Le propriétaire du cheval est venu me voir après la course. Il était furieux.

— Je t'avais dit de ne pas le fouetter !
— Oui, mais l'autre était en train de me dépasser.
— Je sais, mais il répond pas au fouet, ce cheval-là.
— Pourquoi tu m'as donné ton maudit fouet, alors ? Pour que je me brosse les dents ?

J'ai plus jamais participé à une course de chevaux, mais j'avais été impressionné ce jour-là, par exemple…

L'ÉPOQUE DE LA TERREUR SUR LA GLACE…

Dans les années soixante-dix, le hockey de la Ligue nationale est dominé par les méchants Flyers de Philadelphie, les «Broad Street Bullies», et les Bruins de Boston, les «Big Bad Bruins». La violence est omniprésente et les Flyers ont prouvé qu'on pouvait gagner la coupe Stanley en terrorisant les autres équipes. Le hockey junior n'est guère plus propre…

C'était l'époque où les règlements étaient un peu moins, disons… sévères. La violence était ancrée en nous. Les mêlées générales étaient courantes sur la glace. Pour moi, ça n'avait rien d'anormal, je m'étais battu durant toute ma jeunesse au hockey. Les joueurs n'avaient pas de casque, de grille, de visière, et on prenait l'exemple des Flyers ou des Bruins : les joueurs se battaient pour un rien.

Le pire, c'est qu'on moussait la violence. D'abord, un *coach* était presque toujours aussi directeur général.

UN *COACH* EST NÉ...

Moi à Trois-Rivières, Ron Racette à Shawinigan, Orval Tessier à Chicoutimi, Ghislain Delage à Sherbrooke, Rodrigue Lemoyne à Sorel, Jean Rougeau à Laval, Marcel Pronovost à Hull et Roger Bédard avec le Canadien *junior*, nous étions presque les *stars* de la Ligue. Je ne veux rien enlever aux joueurs, mais c'est vrai. Je me souviens, Marc Lachapelle faisait de grosses histoires avec les *coachs*. La veille d'un match, quand le propriétaire, M. Bédard, me disait qu'il lui restait 300 billets à vendre, je m'arrangeais pour passer à la radio ou à la télévision : « Ne manquez pas le match demain soir ! Ne manquez pas les 10 premières minutes, ça va être extraordinaire. » Et je ne parlais pas de beaux jeux, mais des bagarres qu'il allait y avoir, des mises en échec...

On est allés un peu loin. Je me souviens des batailles générales avant même que l'arbitre laisse tomber la rondelle. J'ai été suspendu 4 ou 5 fois en 6 ans chez les *juniors*, et seulement une fois en 10 ans dans la Ligue nationale...

Par contre, à l'époque, tous les arénas étaient remplis à craquer. Les gens aimaient ça. L'ambiance y était souvent délirante. Je me souviens d'une série contre les Saguenéens de Chicoutimi en 1975-1976. Guy Carbonneau était le meilleur joueur des Saguenéens, il avait marqué plus de 70 buts cette année-là.

Les partisans à Chicoutimi se promenaient avec une tête de cochon... avec mon nom écrit en dessous. J'ai reçu tout un coup de poing sur la gueule après le match. La police a arrêté le gars et l'a gardé au poste pour la nuit.

Une autre fois, toujours à Chicoutimi, notre autobus fut la proie des flammes. Le chauffeur était venu me voir en courant : « Michel, Michel, le bus est en feu ! » Je lui avait répondu : « Viens pas me voir, appelle plutôt les pompiers. Moi, je peux rien régler... »

Un jour, on jouait à Laval et la période allait commencer. Les spectateurs devaient passer derrière le banc pour regagner leurs sièges dans les premières rangées. Il y en a un qui m'a accroché avec son coude. Il m'a regardé et il a osé me demander : « Qu'est-ce que tu veux, Bergeron ? » Il n'était pas gêné. Il me frappait et en plus il me demandait ce que je voulais... Il avait un hot dog et une patate frite dans les mains... Là, j'ai essayé de lui faire revoler la patate frite... Il s'est protégé avec le hot dog... Paf ! il a eu le visage plein de moutarde ! Ménick, qui agissait à titre de relationniste pour Laval, m'a demandé de m'excuser. J'ai dit : « Quoi ? C'est lui qui m'a donné un coup de coude... En plus, tu peux lui dire qu'il peut aller chier. Pis si je le revois, je vais lui en donner une autre... »

Michel Bergeron ira même jusqu'à se battre avec un homologue, Ron Racette...

Ron Racette et moi, on a toujours été en compétition, surtout quand Ron, qui est décédé aujourd'hui, dirigeait les Cataractes de Shawinigan. On était deux tigres. Ron ne m'avait jamais battu à Shawinigan.

Un soir, on tirait de l'arrière par 2 à 1 à la toute fin du match. J'ai retiré mon gardien de but, Jacques Cloutier. Jean-François Sauvé a compté, ce qui nous menait à 2-2. Encore une fois, Racette n'arriverait pas à nous battre. Après la partie, il s'en est pris à un de mes joueurs, Mario Tardif. Il lui criait des noms. Mario m'a raconté l'incident. Je ne la trouvais pas drôle. En sortant de l'aréna, les joueurs des deux équipes étaient dans le *lobby*, avec la famille et les blondes, et j'ai lancé à un joueur des Cataractes, je crois que c'était Pierre Rioux : « En tout cas, vous direz à votre *coach* qu'il ne m'a pas impressionné à soir ! »

Rioux a répondu : « Seriez-vous capable de lui dire en pleine face ? »

J'ai dit : « Oui, probablement ! »

Quelques instants plus tard, je l'ai entendu descendre de son bureau au deuxième étage. Il criait : « Bergeron ! Bergeron ! »

Je lui ai répondu : « Tes joueurs veulent savoir si je suis capable de te dire en pleine face que tu m'impressionnes pas... »

Racette était deux fois plus gros que moi. Il faisait au moins 210 livres, mais je me disais : un chien qui jappe ne mord pas. Erreur... Je revois encore son poing, avec sa grosse bague des Cougars de Chicago. Il m'en avait donné un en pleine face sans que je le voie venir. Bing ! J'avais le front fendu. J'ai essayé de me défendre, mais je ne pouvais pas rivaliser avec lui, il était beaucoup trop costaud. On a fait un peu de lutte, on a roulé tous les deux par terre dans le *lobby*. Plusieurs joueurs sont venus nous séparer, Alain Vigneault, entre autres...

Le plus drôle, c'est que la veille, à Trois-Rivières, on avait remis des prix à des personnalités du sport amateur. Je n'étais pas un amateur parce qu'on me payait, mais on m'avait remis quand même le Prix de l'excellence, que j'avais accepté avec grand honneur! Le lendemain, lundi, à la une du *Nouvelliste* de Trois-Rivières, il y avait deux manchettes : « Michel Bergeron : l'excellence »… pis : « Bergeron se bat avec Ron Racette ! »

J'avais menacé publiquement de le poursuivre. Une semaine plus tard, il m'a téléphoné pour me dire que sa femme avait maigri de 10 livres depuis une semaine parce qu'elle était stressée à cause de l'incident. Je lui ai répondu que la mienne avait pris 10 livres parce que, nous, le stress nous faisait engraisser. On a bien ri et je ne l'ai jamais poursuivi…

L'anecdote de la dent pourrie est un autre exemple qui illustre bien le climat de violence qui régnait à cette époque…

Charest, son nom. Un bon gars, que j'ai revu quelques années plus tard. C'était l'attaquant teigneux des Saguenéens de Chicoutimi. Chaque fois, il venait nous narguer à notre banc et il nous faisait toujours un gros sourire baveux. Il avait une dent, je sais pas trop si elle était pourrie ou noire, mais un beau jour, avant un match, dans notre vestiaire, j'ai mis 100 piastres sur la table à celui qui me rapporterait la dent… Richard David, le capitaine et le costaud de l'équipe, même s'il ne raffolait pas des bagarres, voulait les 100 piastres à tout prix. Il a couru après l'autre durant tout le match. Ils ont finalement jeté les gants. David n'a jamais réussi à me rapporter la dent, mais il lui avait donné toute une volée par exemple…

UN *COACH* EST NÉ...

Mike Bossy, l'un des grands joueurs de l'histoire de la Ligue nationale de hockey, a déploré, plusieurs années plus tard, la violence qui régnait à l'époque dans la Ligue de hockey junior majeure du Québec. Il a été victime d'innombrables coups salauds.

Je te réponds une seule chose : les bons joueurs de hockey ont tous réussi à percer. Je ne mentirai pas, Mike Bossy c'était l'homme visé sur la patinoire. Je prenais tous les moyens pour gagner. Au début du match, je mettais mes gros gars, je voulais qu'on s'impose. À domicile, pas question que l'adversaire touche à la rondelle dans les cinq premières minutes.

Bossy, en plus, faisait partie d'une équipe ordinaire. Quand son club arrivait à Trois-Rivières, c'était le gars clé. J'espère qu'il a compris ça. Si on neutralisait Bossy, on neutralisait l'équipe au complet. C'est sûr que je demandais à mes joueurs de frapper Bossy. Je ne leur demandais pas de le tuer, simplement de le frapper. Et j'étais vraiment content quand un de mes gars arrivait à le cogner solidement ! Il faut dire les choses comme elles sont. J'ai toujours pris tous les moyens pour gagner mais, par contre, dans mes 20 ans de *coaching*, je n'ai jamais demandé à un joueur d'aller se battre avec un autre. Jamais ! Quand j'envoyais un de mes durs sur la glace contre un dur de l'autre équipe, le gars savait très bien pourquoi je l'envoyais sur la patinoire... Je n'avais pas besoin de parler. Dans son livre, Mike Bossy affirme que j'ai envoyé Daniel Horne lui casser le nez. Il fait fausse route.

Michel Bergeron a usé de mille autres stratagèmes pour gagner des matchs. Parfois, il n'a pas osé…

On avait toujours le même chauffeur d'autobus. Un soir, on allait affronter Sherbrooke. Notre équipe était décimée par les blessures : il nous manquait quatre ou cinq joueurs. C'était un match vraiment important. Il y avait une grosse tempête de neige. J'étais assis à l'avant et j'ai chuchoté au chauffeur d'autobus : « Si je te le demande, est-ce que tu pourrais avoir un petit accident sans que ça fasse mal ? On éviterait d'avoir à se rendre à Sherbrooke. J'ai tellement de blessés… »

Il m'a répondu qu'il n'y avait pas de problème, qu'on pourrait facilement tomber dans le fossé. Il s'apprêtait à le faire quand je me suis dit : « Non, si jamais un joueur se tue… le lendemain le chauffeur dirait que c'est moi qui lui avais demandé de prendre le fossé et j'aurais des problèmes… »

J'ai été un entraîneur plutôt turbulent à Trois-Rivières, mais je m'en suis toujours tiré parce que j'ai eu la chance de bénéficier de la clémence des dirigeants de la Ligue, que ce soit Paul Dumont, Raymond Lagacé, John Horman, Aimé Constantin, Arthur Lessard ou Marcel Robert. J'ai eu mes plus violentes discussions avec Dumont, qui, avec Maurice Filion, avait vécu les années des gloire des Remparts avec Guy Lafleur. Dumont me répétait constamment : « Pour qui tu te prends ? » Je lui répondais : « Mais pour le meilleur, monsieur Dumont ».

UN COACH EST NÉ...

Michel Bergeron en mène plutôt large avec les Draveurs. Il a même son mot à dire lors du repêchage des joueurs midgets...

À ma troisième année avec les Draveurs, je suis allé voir un match à Sept-Îles en compagnie de René Young, le dépisteur-chef. Un jeune joueur, Savaria, de Beloeil, m'a drôlement impressionné. Il était gros et fort. Mes dépisteurs me disaient : « Non, Michel, on l'a vu jouer toute l'année, oublie ça. » Je n'en ai pas reparlé.

Puis, un mois plus tard, est arrivé le repêchage. J'ai eu comme un *flash*, je me suis rappelé ce Savaria. En troisième ronde, j'ai dit à Young et à ses dépisteurs qu'il fallait repêcher Savaria. Ils m'ont répondu qu'il y en avait au moins une vingtaine de meilleurs que lui. Finalement, comme j'étais directeur général et *coach*, j'ai appliqué mon droit de veto et on a repêché Savaria. Au camp d'entraînement, les dépisteurs semblaient s'amuser dans les estrades parce qu'ils voyaient bien que je m'étais trompé. Je me demandais si au moins Savaria pouvait jouer de façon robuste. C'était ma seule porte de sortie. Quand on est allés jouer à Sorel, un gars a jeté les gants devant lui et il a refusé de se battre. Le lendemain, à Trois-Rivières, j'ai convoqué mes dépisteurs :

— Pourquoi on a repêché Savaria ?

— C'est toi qui l'as repêché, qu'ils me répondent.

J'ai fait alors une de mes plus belles crises dans le bureau :

— La prochaine fois que vous me laissez repêcher un joueur qui ne peut pas jouer dans mon club, vous êtes tous congédiés !

Tout le monde a éclaté de rire.

> *Le prédécesseur de Michel Bergeron à Trois-Rivières, Claude Dolbec, avait, semble-t-il, des problèmes à discipliner ses joueurs. Ce ne fut pas le cas avec le Tigre…*

J'ai de nombreuses anecdotes à raconter sur les fameux couvre-feux. Mes joueurs étaient presque tous en pension dans des familles de Trois-Rivières. Quand ils voulaient s'amuser, le soir, ils prenaient des arrangements avec leurs hôtes. Je le savais bien et j'allais parfois visiter mes gars. Une fois, une femme m'a dit qu'un de mes joueurs dormait. J'ai insisté pour entrer dans la chambre : pas un chat ! Le lit n'était même pas défait. Elle ne se sentait pas très fière…

Un soir, ou plutôt une nuit, les gars ont organisé une partie de cartes dans le sous-sol chez Bertrand Verner. Les Jacques Cloutier, Richard David, Robert Mongrain, Pierre Aubry et Jean-François Sauvé étaient réunis. J'étais dans l'entrée, et j'ai entendu crier : « BERGERON S'EN VIENT ! »

Je suis descendu au sous-sol ; il n'y avait personne, mais il y avait environ 450 $ sur la table. J'ai ramassé tout l'argent. Le lendemain, à la pratique, j'ai dit aux *boys* : « J'ai 450 piastres, je ne sais pas quoi en faire. C'est à qui ? » Personne n'a osé dire un mot. Je leur ai dit que c'était correct, que j'allais emmener ma femme souper au restaurant avec cet argent-là. L'été suivant, au golf, le chat est sorti du sac. Un joueur avait perdu 115 $, l'autre, 100 $. Mais ils avaient peur que je les mette à l'amende ou que je les suspende. On a eu droit à tout un souper, Michèle et moi !

C'est drôle comme le monde est petit. Ces cinq joueurs ont fait leur chemin : Jacques Cloutier est désormais entraîneur adjoint avec l'Avalanche du Colorado, Robert Mongrain a dirigé Hull, Sherbrooke et Halifax, Pierre Aubry a coaché Alexandre Daigle à Victoriaville… Jean-François Sauvé et Richard David ont joué pour moi à Québec.

Pour tenir ses joueurs sur le qui-vive, le Tigre n'hésitait pas à piquer des crises.

Une fois, on venait de se faire planter à Hull, et j'avais imposé une pratique à quatre heures du matin au retour de l'Outaouais !

Une autre fois, encore à Hull – ça se passait toujours à Hull –, autre déconfiture. Après le match, comme c'était la coutume, le lunch arrivait et on mangeait sur le chemin du retour dans l'autobus. Mais là, j'étais en calvaire. Il y avait du poulet au menu ce soir-là. J'étais tellement en furie que j'ai pris tous les poulets et je les ai garrochés par la fenêtre ! Les poulets étaient dans la neige… et la sauce aussi ! Puis j'ai repris mon siège. Le président, Alfred Vigeant, qui était assis pas trop loin, a assisté à la scène sans dire un mot. Je me suis calmé lorsque l'autobus a démarré, mais je n'ai jamais eu autant faim de ma vie durant le trajet entre Hull et Trois-Rivières…

Le lendemain, le président m'a fait venir dans son bureau. Il n'était pas de bonne humeur. «Je t'ai vu garrocher le poulet dans la neige. J'ai rien contre ça, tu étais probablement en furie parce qu'on avait perdu, mais quand je paye le poulet, je veux pas le voir dans le banc de neige. Quand tu voudras faire ça la prochaine fois, tu payeras le poulet!» Je n'ai plus jamais jeté de poulet par la fenêtre...

Le lendemain, j'ai convoqué René Young au bureau et je lui ai dit : «René, il y a des fois où il faut que tu m'arrêtes.» À l'époque, je faisais aussi beaucoup de transactions. Je me laissais parfois un peu trop emporter... pour les échanges et pour le poulet!

C'est à cette époque que Michel Bergeron hérite du surnom de Tigre...

Le journaliste Marc Lachapelle est le premier à m'avoir appelé le Tigre, dans *Le Journal de Montréal*, dans mes premières années à Trois-Rivières. Probablement parce que comme cet animal, je pouvais être gentil, mais agressif si on me brusquait...

Le rôle de coach *menait aussi Michel Bergeron dans les bars aux petites heures du matin.*

Une nuit, au cours de la saison 1979-1980, j'ai reçu un appel d'un propriétaire de bar de Trois-Rivières catastrophé. Ça avait brassé pas mal dans son établissement et un de mes joueurs, Benoît Laporte, était impliqué. Il était environ 2 h 30 du matin mais je suis allé le chercher. Je n'étais pas de très bonne humeur. Dans l'auto, je lui ai lancé : «Je ne te suspends pas, je ne te mets pas à l'amende, mais tu ne finiras pas l'année à Trois-Rivières!»

Laporte était tout un joueur. Peu de temps après l'incident, on jouait contre Laval et il a marqué trois buts et amassé trois passes ; il a été choisi première étoile. Ce fut son dernier match avec moi. J'avais déjà conclu une transaction dans l'après-midi. Après la rencontre, je lui ai annoncé la nouvelle, il a éclaté en sanglots. J'avais tenu ma promesse…

Benoît Laporte deviendra plus tard un des grands joueurs de la Ligue d'élite en France et un entraîneur respecté. Cette fameuse transaction l'aura fait passer à Hull en retour… d'Alain Vigneault!

Je me rappellerai toujours l'arrivée d'Alain dans notre équipe. Nos joueurs n'avaient pas le droit d'avoir une automobile, mais lui était arrivé avec sa grosse Corvette. Je lui avais pourtant dit de laisser son char à Hull. Aujourd'hui, il me jure que ce n'était pas une Corvette, mais en tout cas, c'était un beau char.

Ce jour-là, il n'a rien répondu, mais il savait qu'il devrait se débarrasser de son auto. C'était moi le *boss* et personne n'osait me répondre. De toute façon, ils avaient tous leurs trucs. Ils cachaient leurs chars deux rues plus loin et ils pensaient que je ne voyais rien. Ou bien ils laissaient leur auto à leur blonde. Et ils avaient tous des blondes parce qu'ils étaient les vedettes de la ville. Ils n'ont jamais rien fait de très grave. De toute façon, on gagnait tout le temps. On était forts, c'était pas possible.

Alain, il se débrouillait plutôt bien comme défenseur. Ce n'était pas une grande vedette, mais un bon joueur. Je croyais sincèrement qu'il ferait une plus longue carrière dans le hockey professionnel. Il avait les habiletés et il était robuste. Je ne sais pas pourquoi ça n'a pas fonctionné. Faut croire qu'il était plus doué comme *coach*. J'étais fier lorsqu'il a été nommé entraîneur du Canadien le 26 mai 1997.

L'incident avec Benoît Laporte a transformé la vie d'Alain. C'est à Trois-Rivières qu'il a rencontré sa femme Josée. Elle lui avait été présentée par mon gardien substitut… Donald Beauchamp, l'actuel directeur des communications du Canadien.

Donald Beauchamp n'avait pas beaucoup d'avenir dans le hockey…

Donald était le substitut de Jacques Cloutier, qui dominait complètement la Ligue. Il était aussi le neveu de Jacques Beauchamp. Il ne jouait presque jamais. Tellement jamais qu'il n'attachait pas ses patins et que sa mitaine restait dans le vestiaire. Mais il était brillant. Il avait une chronique dans *L'Hebdo de Trois-Rivières*, intitulée : « Du bout du banc… »

Un jour, je lui ai donné un grand conseil. Je l'ai fait venir à mon bureau et je lui ai dit : « Donald, comment ça va à l'école ? » Il m'a répondu que ça allait plutôt bien. Je lui ai lancé : « Ne lâche jamais les études… »

Des échanges, Michel Bergeron en a réalisé des tonnes pour les Draveurs, mais pas toujours des transactions heureuses…

UN *COACH* EST NÉ...

Je faisais au moins entre 15 et 20 échanges par saison. J'aimais ça quand il y avait de l'action. Et ça marchait, parce qu'on gagnait tout le temps. Par contre, j'ai peut-être un peu forcé la note quand j'ai échangé Raymond Bourque en 1976. Il avait 16 ans, il montrait un beau potentiel, mais j'avais déjà la meilleure défense de la Ligue avec Normand Rochefort, Pierre Lacroix et Michel Leblanc. J'avais besoin d'un ailier gauche, et il y en avait un bon à Sorel, Benoît Gosselin. À son premier match avec nous, Gosselin s'est blessé à la main. Je savais que Raymond ne resterait pas longtemps chez les *juniors*, qu'il allait rester dans la Ligue nationale immédiatement après avoir été repêché. Je me souviendrai toujours de quand je suis allé le reconduire à Sorel après l'échange. Il pleurait dans l'auto. Pauvre Raymond. Pauvre moi. Ce fut probablement mon pire coup en carrière. J'aurais peut-être gagné la coupe Memorial si je l'avais gardé…

Aussi drôle que ça puisse paraître, Raymond Bourque, semble-t-il, n'est pas le joueur le plus talentueux que Bergeron ait dirigé chez les juniors.

Le meilleur joueur, sans l'ombre d'un doute, a été Richard David. Je ne comprends toujours pas encore aujourd'hui qu'il n'ait pas atteint la Ligue nationale. C'était une pièce d'homme incroyable, un talent inouï, un bon gars en plus. Je pourrais le comparer à Frank Mahovlich ou à Charlie Simmer. Un compteur vraiment habile. J'aurais tellement aimé ça que ça fonctionne pour lui dans la Ligue nationale. Il a été le premier choix des Nordiques en 1979, avant que je me joigne au club. Il avait été choisi la même année que Danny Geoffrion a été repêché par le Canadien. On avait fait un gros *show* avec ça. Je me souviens, David avait reçu un chèque de 100 000 $ à la signature du contrat. Il avait juste 18 ou 19 ans et il était un peu nerveux de se retrouver avec un aussi gros montant.

— Qu'est-ce que je fais avec le chèque ? m'avait-il demandé à son retour à Trois-Rivières.

— Va le déposer à la banque, voyons…

— La banque n'ouvre pas avant demain.

Il ne voulait tellement pas perdre son chèque que la femme chez qui il logeait lui a dit de le cacher dans le congélateur !

David a tenté sa chance au camp des Nordiques, mais ils ne l'ont pas gardé. J'aurais tellement souhaité être à la tête de l'équipe à ce moment-là. Je savais tirer le maximum de ce gars-là. L'année suivante, quand j'ai été embauché par Québec à titre d'adjoint, il était toujours dans l'organisation mais je sentais que tout le monde était contre lui au camp d'entraînement. On faisait des réunions et les dépisteurs le dénigraient. Au camp, il a été le premier compteur du club. Un soir qu'il avait été le meilleur joueur du club, Red Fleming lui a donné une note de 3 sur 10. J'étais plutôt irrité. Il a été renvoyé aux mineures. Quand je suis devenu entraîneur-chef, quelques semaines plus tard, j'ai demandé à Maurice Filion de le rappeler, mais ça n'a pas fonctionné. On avait peut-être miné sa confiance. Le pire dans tout ça, c'est que je ne lui ai jamais reparlé. S'il savait à quel point il m'a toujours impressionné.

UN COACH EST NÉ...

Un certain matin, un garçon de 14 ans, un brin gêné, vient cogner à la porte des Bergeron à Trois-Rivières. Il déneige les entrées du voisinage. Michèle Bergeron accepte ses services. À chaque visite, il propose à la fille des Bergeron, Sophie, ses services comme garçon à tout faire chez les Draveurs... gratis. Michel Bergeron lui fait confiance et lui confie certaines tâches. L'année suivante, le garçon, un peu mal à l'aise, glisse subtilement au coach qu'il ne pourra pas travailler éternellement de la sorte... gratuitement. Ce garçon s'appelle Pierre Gervais et il est aujourd'hui le responsable de l'équipement chez le Canadien de Montréal....

Un autre jeune homme a commencé sa carrière avec nous, avec les Draveurs. Il s'agit de Gilles Courteau. Lui et Gaston Leblanc étaient venus me voir pour agir à titre de statisticiens. On me les avait chaudement recommandés comme deux garçons très sérieux. Ils avaient 16 ou 17 ans. Je les ai embauchés.

Une fois, au retour de Chicoutimi, après une dégelée, je les ai surpris à rire dans l'autobus. J'ai demandé au chauffeur de se ranger sur le côté.

— Si vous n'arrêtez pas de rire, vous allez marcher jusqu'à Trois-Rivières !

Nous étions dans le parc des Laurentides et il restait encore quatre heures de route à faire. On ne les a plus jamais entendus rire après une défaite...

Courteau était aussi celui qui commandait le lunch en voyage. Une fois, à Sherbrooke, j'ai remarqué une facture anormalement élevée. J'ai demandé au chauffeur des explications et il m'a répondu qu'on avait commandé des demi-poulets au lieu des poitrines habituelles. Il faut croire que Gilles avait faim. Je l'ai pris à l'écart : « Gilles, la prochaine fois, si t'as faim à ce point, tu payes la différence… »

J'ai toujours vu chez lui un talent. Une quinzaine d'années plus tard, Courteau est devenu président de la Ligue de hockey *junior* majeure du Québec et l'un des hommes de hockey les plus influents de la province. Il a été embauché, à la suite de ma recommandation, par… Paul Dumont !

UN FLIRT AVEC BUFFALO…

Les succès rapides de Michel Bergeron à Trois-Rivières et quelques championnats attirent les regards des équipes professionnelles. À sa troisième année avec les Draveurs, en 1977-1978, les Sabres de Buffalo le rencontrent en entrevue…

À Trois-Rivières, je ne songeais pas à une carrière chez les pros. J'étais trop bien là-bas. J'avais certains contacts avec les dépisteurs professionnels, mais sans plus. Un jour, Roger Poitras m'a arrangé une rencontre avec les propriétaires des Sabres, les frères Knox. Ils venaient de congédier Marcel Pronovost et ils cherchaient un nouvel entraîneur.

Le *meeting* a duré un bon trois heures. À un moment donné, Seymour Knox m'a demandé : « Serais-tu capable de coacher cette équipe-là ? » Dans ce temps-là, il y avait des joueurs comme Gilbert Perreault, René

Robert, Richard Martin... Je leur ai répondu «*Any time*», mais plusieurs facteurs jouaient contre moi. J'avais 30 ans seulement. Pas de *backround*. Je n'avais pas joué dans la LNH, je n'avais jamais scoré 50 buts. C'est ça finalement qui est le plus dur quand tu veux percer. Ça me fait un peu rire, tout ça. Tu joues dans la Ligue nationale, et si par chance ton club gagne une coupe Stanley, tout le monde dit : «Lui, c'est un gagnant». Il peut avoir joué 22 *games* dans les estrades, c'est un gagnant quand même. C'est de la merde.

Je reviens à cette rencontre avec les frères Knox. Ils m'ont demandé à répétition ce jour-là qui était à mon avis le meilleur homme de hockey dans la Ligue nationale. Je leur répondais que c'était Scotty Bowman, que je n'en voyais pas un autre. Je ne sais pas si ça a joué, mais un an plus tard Bowman quittait le Canadien pour se joindre aux Sabres....

À mon retour de Buffalo, Réjean Tremblay de *La Presse* m'attendait à l'aéroport. J'étais encore impressionné d'avoir goûté au *glamour* de la Ligue nationale. Je lui ai dit : «J'ai même perdu mes souliers dans le tapis, tellement le tapis était épais...»

Bergeron n'a pas hésité à vanter Bowman auprès des frères Knox. Non seulement Scotty était-il l'idole du Tigre, mais le jeune coach *avait une relation privilégiée avec l'entraîneur du Canadien...*

J'ai connu Bowman dès mes premières années avec les Draveurs de Trois-Rivières. J'allais souvent à Montréal pour assister aux entraînements du Canadien parce que j'habitais au motel et mes journées étaient plutôt longues à Trois-Rivières. J'y allais presque deux fois par semaine au début. J'en profitais aussi pour voir les amis et la famille. Je partais le matin et je rentrais à Trois-Rivières à temps pour ma pratique de 16 heures.

Je regardais Bowman aller sur la glace et j'apprenais des trucs. Je connaissais Serge Savard, Guy Lapointe, et je voyais les gars patiner et rager contre leur *coach*... Ils parlaient tous dans son dos, mais ils en avaient tous peur. C'était le maître. Je ne dirais pas que j'ai copié certains de ses trucs dans le *junior*, mais il a été pour moi un modèle à suivre. Sans que je change mon style pour autant.

Une fois, après un entraînement, il m'a fait venir à son bureau et on a pris un café. Il me connaissait, semble-t-il, et il voulait simplement jaser. J'étais petit dans mes souliers cette fois-là. Tellement impressionné. Je suis retourné souvent à son bureau après les entraînements. On jasait des heures et des heures. Je ne sais pas pourquoi parce qu'il ne communiquait pas facilement avec les autres. Il n'avait pas beaucoup d'amis. Je ne m'en plaignais pas...

Plus tard, il a même commencé à m'appeler à Trois-Rivières. Il avait besoin de jaser de hockey, d'avoir un autre point de vue. Ce qui m'impressionnait le plus, c'est qu'il posait toujours les questions, alors que c'était moi qui aurais dû le faire. Moi, j'étais seulement le p'tit *coach junior*, lui, il dirigeait la plus formidable équipe de la Ligue nationale.

Notre amitié s'est poursuivie quand j'ai accédé à la Ligue nationale avec les Nordiques. Pendant les assises, on passait des nuits à jaser ensemble dans les *lobbys* des hôtels. Il mangeait toujours sa pomme. Il disait que ça le gardait en santé : « *One apple a day keeps the doctor away…* »

On ne s'amuse pas beaucoup avec Scotty. Ce n'est pas un gars amusant, mais les conversations avec lui sont passionnantes. Il veut être au courant de tout. Il posait des questions sur la qualité de la glace du Colisée, sur la personnalité de mes joueurs. Mais lui, il ne parlait jamais de ses joueurs…

Une certaine année, il avait dirigé l'équipe du Canada dans une série contre les Soviétiques. On m'avait fait venir de Trois-Rivières à titre d'analyste pour Radio-Canada. Scotty m'avait téléphoné et m'avait dit qu'il devait absolument me parler avant le match. Denis Potvin, Larry Robinson, Raymond Bourque et le gardien Mike Liut participaient à la série. Il m'a demandé alors ce que j'en pensais, s'il devrait avoir six ou quatre défenseurs. Je lui ai répondu : « Potvin a pas l'air en forme. Il y en a une couple qui n'ont pas l'air en forme. D'après moi, tu devrais jouer avec six défenseurs. »

Il m'a regardé avec un sourire et m'a répondu : « C'est exactement ce que je pensais ! »

Pendant tout ce match-là, il a joué avec quatre défenseurs…

C'était ça, Bowman. Il posait des questions… pis il faisait le contraire ! Ce que j'ai toujours admiré de lui, c'est qu'il prenait toujours ses joueurs par surprise. Il pouvait sourire dans les situations où il aurait dû pleurer, et bouder quand il aurait dû rire. Je crois qu'un bon *coach* doit être imprévisible. Les joueurs doivent être gardés sur le qui-vive constamment.

J'aimais aussi ses entraînements. Ils étaient pas longs, mais intenses du début à la fin. Il n'y avait pas de tableau pour les explications, et les joueurs ne prenaient pas quatre ou cinq minutes entre les exercices pour boire de l'eau. J'ai toujours fait des entraînements du même genre, chez les *juniors* comme dans la Ligue nationale.

Bowman me disait souvent à quel point il adorait Guy Lafleur. Il ne se souvenait pas d'une seule fois où il avait engueulé Lafleur, du moins lorsque «*Flower*» est devenu un vétéran. Bowman le savait, il a toujours eu les vétérans de son bord. Avec le Canadien, il s'en prenait aux jeunes : Tremblay, Risebrough. Il ne s'en est jamais pris à Savard, à Lafleur. Il se servait des jeunes comme souffre-douleur pour faire réfléchir les vétérans...

C'est drôle parce que même mes contacts avec Bowman ne me faisaient pas rêver à la Ligue nationale. J'étais bien et j'aimais ce que je faisais. Je ne travaillais pas dans ce but-là. J'avais tellement de *fun*. Ma rage de gagner l'emportait sur tous les rêves. C'était plus important de gagner que de rêver. J'avais pas le temps de rêver ; moi, c'était gagner pis toujours gagner.

Ce flirt avec la Ligue nationale l'a-t-il fouetté? L'année suivante, Bergeron mène les Draveurs à une première participation à la coupe Memorial. Sans trop de succès. L'année suivante, toutefois, il passe près de remporter le prestigieux trophée...

J'ai toujours mal quand je pense à cette deuxième participation à la coupe Memorial, en 1978-1979. Le tournoi était présenté au Québec et nous avions mérité notre place grâce à une victoire sur Sherbrooke en finale. Cette victoire ultime contre Sherbrooke a été assombrie par un terrible accident. Dino Tronini, un de mes meilleurs attaquants, a reçu au visage un coup de bâton de Jimmy Mann. Pendant qu'on célébrait le championnat, il était à l'hôpital, où les médecins tentaient de sauver son œil. Il n'a jamais retrouvé la vue et sa carrière a pris fin ce soir-là.

Nos deux premiers matchs ont eu lieu à Trois-Rivières, où il régnait une ambiance incroyable. La folie furieuse. À la première rencontre, on a affronté Brandon, avec Brian Propp, Ray Allison, Laurie Baushman, Brad McCrimmon, tous de futurs joueurs de la Ligue nationale. Il y avait 4 500 personnes dans l'aréna, alors que le Colisée peut en accueillir généralement 3 000…

Pendant la période de réchauffement, je finissais ma préparation pour le match dans mon bureau quand Pierre Gervais a fait irruption dans la pièce, un peu affolé. Il y avait une mêlée générale terrible sur la glace…

Nous avons gagné nos deux premiers matchs et tous les espoirs étaient permis. Mais en vertu d'une entente dont je n'ai jamais vraiment saisi la pertinence, nous avons disputé nos deux rencontres suivantes à Sherbrooke et à Verdun. Vous pouvez imaginer que les *fans*, à Sherbrooke, le club qu'on avait éliminé en finale, n'étaient pas aussi enthousiastes qu'à Trois-Rivières. On aurait dit que l'adrénaline était disparue d'un coup. Deux de nos piliers, Rochefort et Lacroix, étaient blessés. Brandon nous a éliminés.

Un événement important de ma vie s'est produit après notre première participation à la coupe Memorial, en 1978. Michèle et ses enfants, Francis et Sophie, vivaient avec moi à Trois-Rivières depuis quelques années et le moment était venu d'officialiser notre union. J'aimais les situations claires et je lui répétais souvent que je voulais qu'elle devienne ma femme.

Ma grand-mère m'avait dit : « Oui, mais elle a deux enfants ».

J'ai répondu : « Même si elle en avait 10, je la marierais quand même… »

Je tenais aussi à ce qu'on aie un enfant ensemble. Michèle était enceinte de sept mois quand nous nous sommes mariés, au Palais de justice de Trois-Rivières. Notre fille Karine est née deux mois plus tard et, ce qui est drôle, c'est qu'elle a été baptisée deux fois ! Après le baptême, comme elle était moins turbulente que j'ai pu l'être, le curé avait demandé qu'elle participe à une autre cérémonie devant des élèves, quelques semaines plus tard. Aujourd'hui, les quatres enfants, Anick, issue de mon premier mariage, Sophie et Francis, les enfants de Michèle, ainsi que Karine s'entendent tous à merveille.

Avec Gary Carter en 1977.

Mariage de Michel et Michèle, le 10 juin 1978, au Palais de justice de Trois-Rivières.

Sylvain Saint-Mars, René Young et Fernand Bédard.

Guy Poirier, Alfred Vigeant, Théo Mongrain
et Jacques Durand.

Les enfants : Anick, fille de Michel, Francis, fils de Michèle et Sophie, fille de Michèle.

De gauche à droite : Guy Poirier, son épouse Aline, Jacqueline Marchand et son mari Pierre.

Le départ pour la coupe Memorial.

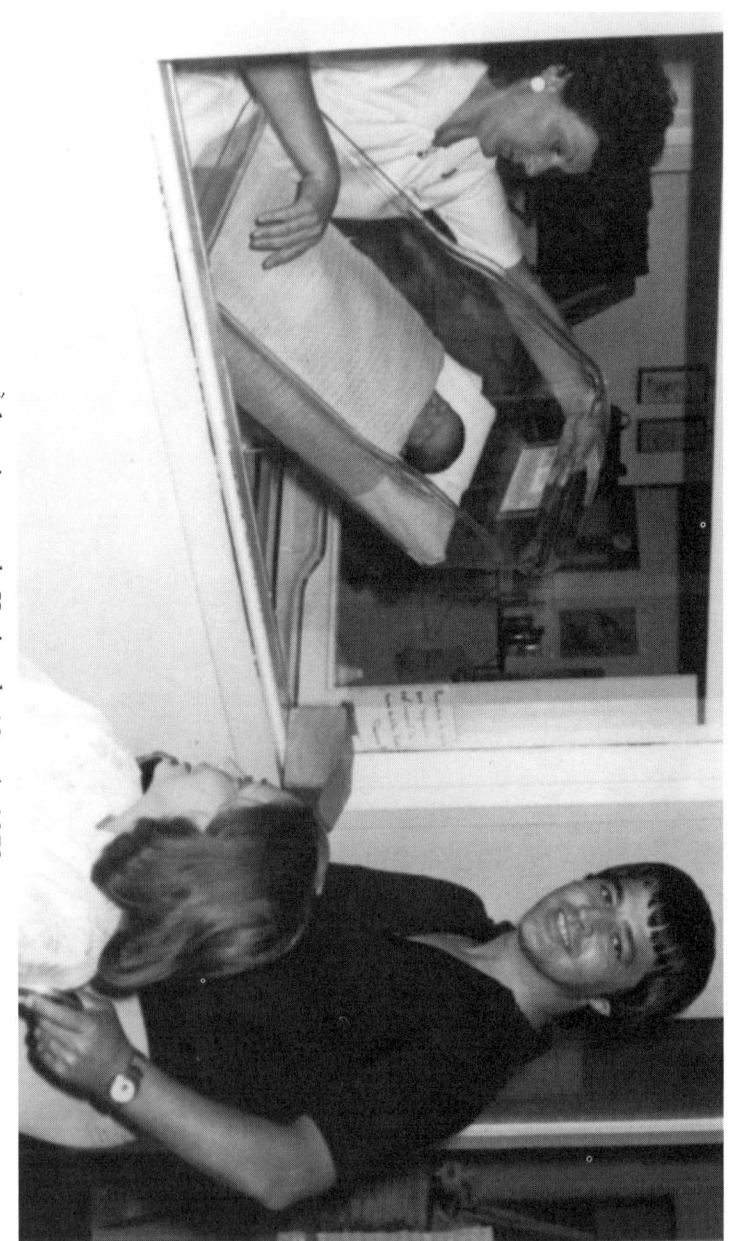

À la naissance de Karine, le 18 août 1978.

Michèle, Sophie (8 ans), Francis (7 ans) et Karine (4 mois).

Michel à l'Hippodrome de Trois-Rivières.

1972, à sa première année comme entraîneur avec Gino Yanire.

Sylvain St-Marc et René Young, Anick, debout à gauche,
Michel et la petite Karine, Louise Lesieur et Michèle.
À l'avant : Anick, Sophie et Francis.

Michel en compagnie de Richard Morency
et Gaston Desjardins des Cardinaux de Saint-Michel.

À droite : Pierre Gervais maintenant responsable de l'équipement pour le Canadien de Montréal.

Célébration du championnat à Trois-Rivières en 1978.

Le maire de Trois-Rivières, M. Beaudoin, Théo Mongrain, Robert Lebel, Claude Mongrain.

Le relationniste des Draveurs de Trois-Rivières, Raymond Lefebvre en compagnie de Réal Lelièvre, Alfred Vigeant, Michel Bergeron et René Young.

3

L'aventure des Nordiques

Un an après sa déception relativement à la coupe Memorial et une autre bonne saison avec les Draveurs, malgré une élimination précoce, Michel Bergeron se fait courtiser pour la deuxième fois par une équipe de la Ligue nationale : les Nordiques. Nous sommes en juin 1980 et Québec vient de vivre une première saison difficile dans la Ligue nationale. Le directeur général, Maurice Filion, vint de congédier l'entraîneur Jacques Demers.

J'avais Maurice Filion au bout du fil et il voulait me rencontrer le plus tôt possible. Il était prêt à venir à Trois-Rivières pour me voir. Je lui ai donné rendez-vous quelques jours plus tard au *J. J. Steak House*, le restaurant où j'allais habituellement. J'avais le *feeling* que mon ami Richard Morency lui avait souvent parlé de moi. Morency était un bon ami de Filion ; ils avaient travaillé ensemble à l'époque des Cardinaux. Maurice est arrivé au restaurant en compagnie de son épouse, Fernande. Michèle venait d'être opérée, elle ne pouvait être présente. On a donc soupé à trois. Le repas était bien arrosé et on est entrés bientôt dans le vif du sujet. Je savais bien qu'il n'avait pas fait le trajet Québec – Trois-Rivières pour me parler de mes performances au golf…

Jacques Demers venait d'être congédié et je savais qu'il venait m'offrir le poste d'entraîneur-chef. Tout à coup, pendant le souper, il m'a regardé droit dans les yeux, avec un petit sourire :

— Michel, c'est qui le meilleur *coach* dans le hockey ?

Je lui réponds avec un petit sourire...

— Je pense que c'est moi, Maurice.

— Aimerais-tu travailler pour les Nordiques ?

— Oui, c'est sûr. Comme *head coach* ?

J'ai vu l'expression de son visage changer.

— Ça, on va y revenir, m'a-t-il dit.

— Dans quelles fonctions as-tu besoin de moi ?

— *Coach* adjoint...

C'était comme si j'avais reçu une douche froide. Je n'ai jamais été adjoint de ma vie, sauf peut-être avec les Cardinaux de Saint-Michel. Je me voyais déjà *coach* des Nordiques. Mais j'étais un peu curieux et je lui ai demandé :

— Avec qui comme *coach* ?

— Je peux pas te le dire mais, d'après moi, c'est le meilleur *coach* au monde...

Intérieurement, je me dis : «Non, il se trompe, c'est moi le meilleur *coach* au monde...»

— Mais, Maurice, si ce *coach*-là m'aime pas ?

Il me répond avec un sourire :

— Non, non, y a pas de problème, il t'aime bien...

Je ne voulais pas quitter le restaurant sans savoir qui était cet entraîneur. Je l'ai harcelé sans cesse.

— O.K., c'est moi qui vas être le *coach* !

J'étais vraiment surpris. Je savais qu'il avait dirigé les Remparts de Québec, le club de Drummondville, remplacé Maurice *Rocket* Richard dans l'Association mondiale, mais c'était connu dans le milieu qu'il ne voulait plus retourner derrière un banc, qu'il ne voulait plus diriger. Avec lui, ça ne me dérangeait pas d'accepter le poste d'adjoint. J'ai toujours eu énormément de respect pour lui. J'ai dit oui. On a parlé d'une entente de trois ans, mais aucun chiffre n'a été mis sur la table. Les adjoints, à l'époque, n'étaient pas très bien payés.

Le lendemain soir, j'ai rencontré les propriétaires des Draveurs de Trois-Rivières pour leur annoncer la nouvelle : Théo Mongrain, Alfred Vigeant, Guy Poirier, Gaston Bellerive, Pierre Marchand, Fernand Bédard et Bertrand Verner étaient du *meeting*. La plupart étaient heureux pour moi, mais j'étais toujours sous contrat avec les Draveurs et Vigeant parlait de demander une compensation aux Nordiques. À la fin de notre rencontre, à trois heures du matin, Poirier et Verner, même s'ils venaient à peine de m'offrir un nouveau contrat de 5 ans avec 50 000 $ par saison, m'encourageaient néanmoins à accepter l'offre des Nordiques :

— On t'aime, on veut te garder, mais c'est ça, la vie, il faut avancer. Tu dois regarder vers l'avant, me lance Verner.

Moi, j'étais loin d'être convaincu. J'étais tellement heureux à Trois-Rivières. Et même s'il était trois heures du matin, j'ai téléphoné à Maurice Filion chez lui.

— Maurice, j'ai réfléchi à ton offre et je vais rester à Trois-Rivières.

— Quoi ? Tu me téléphones en plein milieu de la nuit pour me dire ça ?

Le lendemain matin, j'avais quand même des remords. Pas d'avoir refusé, mais de lui avoir donné ma réponse au téléphone. À trois heures du matin en plus. J'ai décidé d'aller à Québec pour lui dire de vive voix que je refusais son offre.

En arrivant au Colisée, j'entre directement dans le bureau de Filion. Il me regarde, on voit qu'il bout. Non seulement je refuse de me joindre aux Nordiques, mais je viens d'écourter sa nuit de sommeil et celle de sa famille…

Il me fixe. Il est en furie. Je prends la parole le premier :

— Maurice, j'ai fait le voyage de Trois-Rivières à Québec pour te dire que j'accepte ton offre…

— T'es fou ? Tu m'as téléphoné cette nuit pour me dire que tu venais pas…

C'est bizarre, la vie. J'étais toujours décidé à refuser son offre pendant le trajet entre Trois-Rivières et Québec mais, en sortant de la Cadillac, entre le stationnement et le bureau de Filion, un déclic s'est produit dans ma tête. J'ai eu un *feeling* très fort : je ne pouvais passer à côté d'une telle occasion.

Pendant la rencontre avec Filion, M. Marchand était toujours dans la Cadillac de Guy Poirier. Il dormait. Et il dormait dur. On s'était couchés à quatre heures du matin. Je me rappelle encore sa réaction quand je l'ai réveillé.

— Monsieur Marchand, j'ai décidé que je restais.

— Tu fais bien, Michel, on t'aime beaucoup à Trois-Rivières.

— Non, non, vous ne comprenez pas, je reste à Québec…

— Hein ?

L'expression de son visage avait complètement changé. Il ne comprenait plus rien.

En revenant à Trois-Rivières, j'ai appelé ma secrétaire pour lui demander de convoquer les journalistes à une conférence de presse dans l'après-midi. Ça a été une conférence de presse émouvante au possible. Gaston Bellerive, le président des Draveurs, s'est adressé aux journalistes et je voyais ses yeux pleins d'eau. J'entendais Louise, ma secrétaire, pleurer discrètement. J'ai éclaté, moi aussi. Ça braillait en maudit! Les propriétaires pleuraient, les amis pleuraient, moi je pleurais. C'est ce jour-là que j'ai constaté que les journalistes sont humains eux aussi, parce qu'ils pleuraient…

Michel Bergeron se mettra à la tâche plutôt rapidement, lors du repêchage des joueurs amateurs, à la fin du mois. Il ne tardera pas non plus à s'imposer…

Au cours des premières réunions des hommes de hockey des Nordiques, dans une salle d'hôtel de Montréal où avait lieu le repêchage, je n'osais pas trop parler… Je ne connaissais pas du tout les rouages de la Ligue nationale et j'étais seulement adjoint. Cette année-là, c'était le fameux repêchage où le Canadien a opté pour Doug Wickenheiser au premier rang. Les Nordiques, eux, n'avaient plus leur choix de première ronde; ils l'avaient cédé à Chicago pour garder les droits sur Réal Cloutier (ce choix, ce sera… Denis Savard).

Dans les *meetings*, on entendait surtout parler Martin Madden, qui venait d'être embauché au sein de la direction des Nordiques, et George Armstrong, recruteur-chef. Pour le premier choix, en deuxième ronde, les dépisteurs s'entendaient tous pour dire qu'ils voulaient sélectionner Jay Miller, un robuste attaquant américain. Je n'entendais que ce nom : Jay Miller, Jay Miller…

Dans mon for intérieur, j'avais des doutes. Je ne connaissais pas Miller, je ne l'avais jamais vu jouer, mais je connaissais très bien Normand Rochefort, pour l'avoir dirigé à Trois-Rivières, et je savais qu'il pouvait nous aider dès cette saison. Je voulais que Madden devienne mon complice dans ce dossier parce que j'avais échangé Rochefort aux Remparts l'année précédente alors que Madden était directeur général à Québec. Candidement, parce que je ne voulais brusquer personne, j'ai posé la question au groupe :

— Est-ce que Jay Miller va jouer dans la Ligue nationale cette année ?

Armstrong était surpris :

— On ne peut pas le savoir tout de suite, voyons.

Je me suis retourné vers Filion et Madden et je leur ai dit sèchement et en français :

— Normand Rochefort, lui, c'est sûr qu'il va jouer dans la LNH l'an prochain…

Les discussions se sont poursuivies jusque tard dans la nuit. Les autres dépisteurs n'aimaient pas me voir pousser ainsi pour qu'on repêche Rochefort. Aux petites heures du matin, je me suis retrouvé seul avec Maurice et Martin. Je leur ai dit :

— Croyez-moi donc. Je vous le dis, il va jouer dès cette année avec nous.

— Arrête, Michel, répond Filion. On paye nos dépisteurs 500 000 $ par année. Ils savent ce qu'ils font, laisse-leur faire la job.

— Maurice, je suis vraiment sûr de mon coup…

Filion m'a quitté en me disant qu'il allait dormir là-dessus. Moi, j'ai passé une nuit blanche ; j'avais déjà hâte au lendemain pour continuer ma mission…

Au petit-déjeuner, le matin du grand jour, j'ai recommencé à casser les oreilles de Maurice. Il fallait que je sois bon vendeur, comme la fois où j'avais voulu convaincre ma mère que je devais abandonner les études. Je sentais les dépisteurs plus nerveux ; ils étaient même solonnels. C'était la journée de l'année la plus importante pour eux. Je répétais à Maurice :

— C'est Rochefort, hein ? C'est Rochefort ?

Maurice s'est retourné vers moi et il a levé le ton :

— Arrête !

J'ai levé le ton à mon tour :

— Je suis prêt à mettre ma job en jeu pour Rochefort !

Maurice a hoché la tête et m'a regardé.

— Es-tu toujours comme ça, toé ?

Maurice, il faut le dire, ne me connaissait pas encore beaucoup. Je lui ai dit que, quand j'étais convaincu de quelque chose, je n'abandonnais jamais. On s'est dirigés vers le Forum pour le repêchage. Je ne connaissais pas leur choix, mais j'avais au moins semé le doute dans leur esprit, j'en étais convaincu. Au moment du repêchage, quand le tour des Nordiques est arrivé enfin, j'ai recommencé mon manège :

— Maurice…

Là, j'ai senti qu'il était tanné de m'entendre. Il a fait alors un signe de tête à Martin, puis à Armstrong, avant de prendre la parole au micro :

— Les Nordiques réclament, des Remparts de Québec, Normand Rochefort !

Je me retenais pour ne pas hurler de joie. J'étais comme un enfant. Ils m'avaient embauché et ils venaient de me prouver qu'ils croyaient en moi. Et ils ne le regretteraient pas, ils avient fait tout un choix !

En troisième ronde, Miller était toujours disponible. J'étais heureux pour les autres dépisteurs, parce qu'on pourrait encore le choisir. À ma grande stupéfaction, ils ont hésité avant de finalement le repêcher.

— Maurice, je ne comprends pas. On se battait entre Miller et Rochefort, et on a eu Rochefort. Pourquoi ils ont hésité ?

Maurice m'a répondu :

— Michel, tu viens juste d'arriver dans la Ligue nationale. Y a ben des choses que tu comprendras pas ici…

Rochefort jouera avec les Nordiques cette année-là et il sera l'un des meilleurs défenseurs de l'équipe pendant de longues années. Il participera même à deux événements internationaux d'envergure : le Rendez-Vous 1987 et la coupe Canada en 1988.

Place maintenant au premier camp d'entraînement de Michel Bergeron avec les Nordiques. Miller sera échangé sans jamais avoir porté l'uniforme fleurdelysé. Il sera employé exclusivement pour ses poings, au sein d'un quatrième trio, pendant sa carrière de huit ans dans la Ligue nationale.

Normand Rochefort, c'était un gars spécial. Il avait besoin de se sentir en confiance. Il avait un talent défensif exceptionnel. À Trois-Rivières, je lui ordonnais de ne jamais dépasser la ligne rouge. Ses proches ne voyaient pas les choses du même œil et je les entendais chuchoter que j'allais l'empêcher de faire carrière dans la Ligue nationale. Moi, j'ai toujours cru qu'il fallait développer chez un joueur sa principale qualité au maximum. C'est ce que j'ai fait avec Normand.

Et le camp commence…

Dès le début, on ne voyait pas très souvent Maurice Filion sur la glace. Il était pourtant directeur général et entraîneur-chef. André Boudrias était l'autre adjoint ; nous dirigions la plupart des séances d'entraînement. Boudrias avait une bonne tête de hockey. Il deviendra d'ailleurs quelques années plus tard le bras droit de Serge Savard avec le Canadien, puis dépisteur pour les Devils du New Jersey.

Maurice, lui, n'était jamais avec les joueurs parce qu'il avait déjà des tâches importantes. De toute façon, il était clair qu'il ne voulait pas coacher. Marcel Aubut lui avait sans doute forcé la main pour qu'il devienne entraîneur. Ça faisait un peu notre affaire parce qu'on avait plus de responsabilités.

Les joueurs, eux, commençaient à se poser des questions. Ils se demandaient où était leur entraîneur. Un bon matin, Maurice s'est décidé et il a demandé aux *trainers* René Lavigueur et Lacasse de lui préparer son équipement. Il avait ses vieux patins à tuyaux, un survêtement trop long. Tellement long qu'il devait couper le bas de ses pantalons avec des ciseaux avant sa première pratique !

C'était l'année où il y avait des rénovations au Colisée, alors on s'entraînait à l'annexe, le Pavillon de la jeunesse. Ce n'était pas idéal. En plus, comme nous formions une nouvelle équipe, les autres clubs, à l'exception du Canadien, n'étaient pas trop enclins à nous affronter dans les matchs préparatoires. Les formations qui acceptaient de jouer contre nous étaient situées plus loin géographiquement. On a eu un camp d'entraînement difficile sur le plan des voyages.

Il y aura toutefois beaucoup d'effervescence à ce camp d'entraînement…

Il y avait beaucoup de journalistes parce qu'il s'agissait du premier camp de Peter et Anton Stastny, fraîchement débarqués de la Tchécoslovaquie. L'arrivée de Peter et Anton s'est déroulée avec fracas. Marcel Aubut avait donné une grandiose conférence de presse à Montréal à sa sortie de l'avion, après cette spectaculaire évasion des Statsny de leur pays natal toujours sous l'emprise du communisme.

À ce camp, Réal Cloutier, notre joueur vedette, était absent à cause d'une grave blessure à la cheville. Il s'était blessé au cours d'un match de balle molle l'été précédent.

Moi, qui arrivais du *junior*, j'étais ébahi par Peter et Anton. Ils volaient sur la glace. Un talent incroyable. Notre principale préoccupation, à Maurice, André et moi, c'était de trouver un joueur de centre pour jouer avec Michel Goulet. Nous avons alors décidé de donner une chance à un jeune qui participait à son deuxième camp avec nous : Dale Hunter. Ils jouera avec Goulet pendant sept ans...

Normand Rochefort a fait un bon camp mais, lorsque les dernières compressions sont arrivées, Maurice m'a fait venir pour me faire part de sa décision de le renvoyer avec les Remparts. Nous avions plusieurs vétérans à la défense : Dale Hoganson, Gerry Hart, Wally Weir, André Dupont, Gary Larivière, mais je ne comprenais quand même pas. Rochefort ne tardera cependant pas à revenir avec nous...

Bergeron a attiré l'attention au cours de son premier voyage avec l'équipe...

Le Colisée était toujours en réparation et on devait disputer nos 11 premiers matchs à l'étranger. Je n'avais jamais fait de long voyage avec les Draveurs, seulement deux fois pour la coupe Memorial; j'étais donc un peu vert à mon arrivée avec les Nordiques. Je suis arrivé à l'aéroport avec une valise aussi grosse que la maison. J'entrais dans un monde que je ne connaissais pas, je ne prenais pas de chance, je ne voulais manquer de rien. Tout le monde a éclaté de rire quand je suis arrivé à l'aéroport. Je ne savais pas trop comment réagir ; je riais un peu moi aussi... mais jaune. Les joueurs me regardaient d'une drôle de façon. Ils devaient se dire : «Regarde-le donc, le *coach junior*...»

À l'époque, en raison de mon inexpérience des voyages, je ne savais pas qu'on nettoyait les vêtements dans les hôtels. J'étais équipé comme si j'étais parti pour deux mois. J'en ris encore aujourd'hui avec ma femme. Il faut dire que j'attache beaucoup d'importance à deux choses dans la vie : l'habillement et les autos. J'aime être bien habillé et j'aime avoir une belle auto. Quand je dirigeais les Draveurs, j'avais pas beaucoup d'argent et je pouvais me payer seulement deux complets. Je les gardais propres, par exemple ! Dans la Ligue nationale, je m'en suis fait un point d'honneur, j'ai toujours voulu être bien habillé. Par respect envers l'organisation qui m'engageait.

Après cinq rencontres, les choses changent brusquement dans le camp des Nordiques…

Nous étions à Winnipeg. Nous avions une fiche d'une seule victoire, trois défaites et un match nul. Maurice m'a fait venir à sa chambre. Je lui ai demandé s'il voulait que je vienne avec Boudrias et il m'a répondu que non. Je me suis dis qu'il venait sans doute de procéder à un échange important. Je suis entré dans sa suite.

— Michel, je viens de me congédier comme *coach*…

Je n'ai pas répondu ; j'étais estomaqué. Je ne m'y attendais pas, même si je savais qu'il n'avait pas la tête à diriger le club derrière le banc. Il s'impatientait souvent. André et moi savions qu'il allait se passer quelque chose, peut-être une transaction. Maurice a toujours été un gars entier qui avait de la difficulté à masquer ses sentiments.

Et là, il m'a lancé subitement que j'étais le nouvel entraîneur des Nordiques. Je n'ai pas eu le temps de réagir qu'il est déjà au bout du fil avec Marcel Aubut à Québec.

Il a dit à Marcel qu'il y aurait une conférence de presse le lendemain pour annoncer son «congédiement» et ma «promotion». Ça ne semblait pas faire l'affaire de Marcel. Il lui a dit d'attendre, de revenir de voyage, qu'il allait régler ça à Québec. Aubut était vraiment insistant. Maurice ne l'a pas écouté. Je crois qu'il était sur le point de se faire congédier dans les deux postes qu'il occupait. En se congédiant comme entraîneur, il sauvait son emploi de directeur général. On ne le saura jamais, mais je suis convaincu que s'il avait écouté Marcel il aurait sauté, et moi aussi...

Ce soir-là, je n'ai évidemment pas dormi de la nuit. J'ai téléphoné à Michèle, à la famille, aux amis, à la province de Québec en entier, quoi!

J'ai bien vu, en revenant à Québec, que ça ne faisait pas du tout l'affaire d'Aubut de m'avoir comme *coach*. Je me rappelle, le premier jour, alors que je me promenais dans les corridors des bureaux des Nordiques, j'ai vu la porte du bureau de Marcel ouverte : il m'a vu au loin et s'est levé de sa chaise. Je me suis approché. Paf ! il m'a claqué la porte au nez !

Revenons au moment de mon embauche à Winnipeg. Je me souviens de cette fameuse conférence de presse. J'avais apporté ma grosse mallette pour faire mon homme important. Michèle Lapointe, secrétaire de route, et Michel Parizeau, le relationniste, préparaient la conférence de presse. Il n'y avait pas beaucoup de journalistes de Québec qui nous accompagnaient : Maurice Dumas, Claude Cadorette, André Côté et

Michel Villeneuve. J'avais ma mallette à côté de moi au cours des interviews. Tous les jours, pendant le voyage, après cette conférence de presse, Parizeau me voyait avec ma mallette et il demandait ce qu'il y avait dedans.

— Mon plan de match, mon plan de match, que je lui répondais…

Chaque fois, Parizeau me répondait la même chose :

— C'est important, hein, Michel, le plan de match ?

Ça a duré 15 jours. Quinze fois, il m'a demandé ce que j'avais dans ma mallette.

À notre retour à Québec, Parizeau m'a remis une petite clé. Je lui ai demandé ce que ça signifiait.

— C'est la clé pour ta fameuse mallette. Si jamais tu veux la débarrer un jour…

Au moment de son embauche, à Winnipeg, il y avait un important problème à régler…

En effet, il fallait maintenant voir ce qu'on faisait d'André Boudrias. Il agissait à titre d'adjoint avec moi, mais c'était évident que si l'un de nous deux obtenait la job d'entraîneur-chef, l'autre allait partir. Il n'y avait pas de conflit entre nous deux, mais nous étions deux petits coqs dans la basse-cour. Certains ont laissé entendre que j'ai arrangé son départ. C'est faux. Quand je l'ai croisé pour lui annoncer la nouvelle, dans le *lobby* de l'hôtel, il était déjà au courant. La cravate nouée, la valise prête, il rentrait à Québec. André aurait aimé diriger, et c'est normal. Mais contrairement à ce que plusieurs pensaient, Maurice Filion ne m'avait jamais promis le poste d'entraîneur-chef lorsque j'avais négocié avec lui pour être adjoint. D'ailleurs, je suis allé rencontrer Michèle Lapointe pour lui demander comment André réagissait à cette situation. Il était probablement amer, mais moi, j'étais heureux comme un roi.

Mon premier match comme *coach*, au Minnesota, le lendemain, m'a fait vivre des émotions épouvantables. J'avais un trac fou. Je marchais dans le corridor qui mène à la patinoire et j'avais les genoux qui tremblaient, j'avais peur de tomber. Je n'avais jamais rien senti de semblable avant. Je n'avais pas d'assistant, j'étais seul, seul au monde. J'avais peur. Mais j'ai eu une pensée pour mon père. Je savais qu'il aurait été fier de me voir diriger mon premier match dans la Ligue nationale. Un autre à qui je n'avais pas parlé depuis fort longtemps, c'était le p'tit Jésus, à qui j'ai dit : « Je veux que ce jour ne se termine jamais… »

Pendant qu'on jouait l'hymne national, j'étais couvert de sueur. Et je me suis dit : « Cibole, va falloir que ça marche rapidement parce que je ne ferai pas cette job-là longtemps… » J'avais l'estomac tout croche. Je savais que je ne pouvais pas acheter de temps. Larry Robinson peut acheter du temps parce qu'il a gagné, c'est un *Hall of famer*… Mais Michel Bergeron, le livreur de cigarettes de Saint-Michel, lui, il ne peut pas acheter de temps…

C'est comme ça, la vie, pis c'est correct. Mon *background* n'était pas assez fort, même si j'avais eu des bonnes années avec les Draveurs de Trois-Rivières. Ce fameux match, on le menait 2 à 1 mais André *The Moose* Dupont a été blessé et ça a changé le momentum. On a perdu la *game* 3 à 2, je crois…

Ah oui, en passant, Normand Rochefort a été rappelé dès que j'ai été nommé et il a joué ce soir-là au Minnesota. Il deviendra mon troisième ou quatrième défenseur dès la première année. Ensuite, il sera mon numéro un pendant six, sept ans.

Dès son arrivée, Bergeron découvre une équipe en pleine mutation.

L'arrivée des Stastny et de Dale Hunter apportait une bouffée d'air frais à la formation. Les membres du noyau de l'équipe, composé de Serge Bernier, Marc Tardif, Réal Cloutier, Michel Dion, Dale Hoganson et Robbie Ftorek, me regardaient d'une drôle de façon. Certains de ces vétérans ne s'entendaient pas très bien avec mon prédécesseur, Jacques Demers, et plusieurs parmi eux ne semblaient pas trop apprécier ma présence. J'avais l'impression que certains ne me respectaient pas beaucoup et qu'ils me voyaient comme le p'tit *junior*. Il me restait à me faire la main et à devenir convaincant. Souvent, je disais à Maurice Filion que j'aurais aimé mieux diriger les Bernier, Tardif et Richard lorsqu'ils étaient très jeunes au lieu de les croiser à la fin de leur carrière.

Aucun joueur n'osait venir s'asseoir avec moi pour prendre un café parce que ses *chums* auraient dit : « Qu'est-ce qu'il fait là, avec le *coach* ? Des Québécois coachés par un Québécois… C'était ça, l'ambiance… Il y avait toujours ce climat de confrontation. À New York, quelques années plus tard, je jouais au golf avec les gars. Mais à Québec, à l'époque, c'était impensable…

C'était peut-être une question de respect, aussi. Le respect, ça ne s'achète pas. Ça ne se commande pas non plus. Je sentais qu'ils ne croyaient pas que je pouvais les diriger correctement. C'est tellement différent quand tu parviens à la Ligue nationale sans avoir jamais joué. On l'entend souvent, les joueurs disent : « Lui, c'est correct, il a joué la *game*. » Mais est-ce qu'un médecin a besoin d'avoir eu des enfants pour aider les femmes à accoucher ? C'est la comparaison que je faisais sans cesse.

On met tout ça ensemble, ça a été très pénible pour moi au début. En plus, je dirigeais les Nordiques comme je le faisais avec les Draveurs. Je me disais que si on m'avait embauché dans la Ligue nationale, c'était pour les qualités que je montrais chez les *juniors*. Il ne fallait pas que je change. J'avais vu trop d'entraîneurs changer leur personnalité en arrivant dans la Ligue nationale. Je pense à Jean Perron, entre autres, qui a essayé de jouer aux durs. Mais tout le monde savait que c'était un bon gars. Ça l'a coulé. Moi, je voulais pas avoir une façade, et je ne voulais surtout pas être le bon gars ! J'ai appris rapidement qu'il fallait laisser les sentiments de côté. Il y a des joueurs que j'ai adorés, mais qui ne pouvaient pas me faire gagner. D'autres que je n'aimais pas, mais qui me permettaient de remporter des matchs. Il fallait y aller avec celui qui me faisait gagner…

Il y avait également de la jalousie parce que les Statsny ont rapidement pris leur place. Peter et Anton avaient beaucoup de leadership. Ils parlaient déjà bien anglais… mieux que moi. Et Marcel Aubut leur donnait tout ce qu'ils voulaient. Ils étaient comme ses trophées.

Il soupait plus souvent avec Peter qu'avec son entraîneur…

Ces traitements de faveur ne me dérangeaient pas parce que les Statsny me faisaient gagner. Nous comprenions, Maurice et moi, pourquoi Marcel s'occupait à ce point des Statsny, et pourquoi son épouse Francine prenait soin de leurs femmes. Ils étaient nos plus gros actifs.

À l'automne, Bergeron perd son gardien numéro un…

Quelques matchs après mon embauche, alors qu'on jouait contre Boston au Colisée, notre gardien Michel Dion a accordé un mauvais but et la foule l'a chahuté. Les huées se faisaient entendre aux quatre coins du Colisée. À ma grande surprise, je l'ai vu se diriger vers le banc. Il venait de lâcher son *net*…

J'étais abasourdi.

— Michel, tu peux pas laisser… Arrête… Tu peux pas laisser…

Il ne s'est même pas retourné et s'en est allé au vestiaire. Michel Plasse l'a remplacé et Dion n'a plus jamais porté l'uniforme des Nordiques. On a fait un bout de chemin avec Plasse et Ron Graham. Sans trop de succès. Plasse avait eu une bonne carrière, mais il était au bout du rouleau. Graham constituait une solution de rechange.

J'ai quelques anecdotes mémorables à raconter au sujet de Plasse. Michel, c'était tout un phénomène. Il nous faisait rire constamment. Pendant les entraînements, il enlevait son gant et il me défiait : il voulait arrêter mes tirs à main nue !

Michel avait aussi l'habitude de fumer sa cigarette entre les périodes, comme plusieurs joueurs à cette époque. Et il mettait toujours son briquet sous sa jambière. Une fois, il a fait un arrêt et il s'est écroulé ensuite. Il semblait souffrir énormément. Les joueurs l'ont rapidement entouré. Il reprenait ses esprits et tout le monde a alors éclaté de rire. Je me demandais ce qui se passait jusqu'à ce que le juge de ligne Ray Scapinello s'approche du banc et me remette le briquet, le sourire aux lèvres…

Une autre fois, à Washington, on menait par sept ou huit buts ; Peter, Anton et Marian venaient de défoncer le filet dans deux matchs consécutifs, et l'ambiance était à la fête. J'ai alors vu Serge Bernier attacher la corde qui retenait la porte de la bande à la culotte de Plasse, réserviste ce soir-là. Je me demandais bien ce qui allait arriver. À la fin du match, tous les joueurs ont bondi sur la patinoire, et Michel s'est précipité lui aussi sur la glace pour féliciter les autres mais, tel un boomerang, il est revenu au banc aussi vite qu'il l'avait quitté !

De tous ceux que j'ai dirigés, c'est Michel Plasse et Pierre Larouche qui m'ont fait le plus rire.

L'épisode de Michel Dion n'a pas été aussi drôle, malheureusement. C'est à partir de ce moment-là que j'ai commencé à passer des nuits blanches. Des nuits et des nuits sans fermer l'œil. Je voulais coacher toute ma vie et je ne voulais pas que ces défaites gâchent mon rêve. Parce que des Michel Bergeron qui ont la chance de diriger un club dans la Ligue nationale, il n'y en a pas beaucoup…

Puis, en janvier, Maurice a fait le premier d'une série d'échanges fantastiques. Il a envoyé Jamie Hislop, qui était un de nos bons attaquants, à Calgary, en échange d'un certain Daniel Bouchard. L'arrivée de ce gars-là a transformé l'équipe. On a remporté 11 matchs de suite. Les Nordiques prenaient leur envol…

Malgré cette série de victoires, Michel Bergeron vivra une année jusqu'à la fin houleuse avec certains de ses hommes, surtout les francophones…

Daniel Bouchard était tout un compétiteur, mais il n'était pas facile à vivre. Un jour, on affrontait les Islanders et Daniel adorait garder les buts dans la région de New York. Les journalistes sont venus me voir avant la pratique pour me demander qui serait mon gardien et je leur ai répondu que je ne le savais pas encore. Dans ma tête, c'était Bouchard, mais je voulais attendre la fin de l'entraînement.

Les journalistes rencontrent Bouchard et lui rapportent mes propos.

— Quoi ? Il sait pas qui goale à soir ? C'est moi qui goale à soir…

Les journalistes reviennent me voir.

— Bouchard nous a dit que c'est lui qui goalait…

— Ah oui ? Ben je vous le dis, moi, c'est Clint Malarchuk qui sera devant les buts…

On a perdu le match parce que Malarchuk a accordé huit buts. Dans l'avion, après la défaite, Bouchard ne semblait pas trop s'en faire. Il chantait, il avait du *fun*. Il était assis derrière moi et il racontait des *jokes*.

À un moment donné, je me suis fâché. Je me suis levé et je l'ai regardé. Il s'est levé aussi et m'a regardé, avec un air de défi.

— Hé, Bergeron, assis-toé sur ton steak...

Le relationniste, Jean-Paul Tellier, était à côté de moi et il ne savait pas trop comment réagir. Il savait que j'allais exploser.

On était nez à nez. On s'engueulait de façon épouvantable. Tout à coup, je n'étais pas sûr, mais j'ai cru entendre des voix dans le fond de l'autobus : « Envoye, Dan, frappe-le, le tabarnac ! » C'était la gang de francophones qui se tenaient à l'arrière...

En arrivant à Detroit, Daniel Bouchard et moi-même avons tenu chacun une conférence de presse. Il était trois heures du matin. J'avais pas beaucoup dormi, je n'étais pas très beau à voir. Après la pratique, je suis passé à côté de Bouchard et je lui ai dit simplement : « C'est toi qui goale à soir. »

J'avais encore la tête pleine. Tout était gris dans mon esprit. La contestation était forte et certains joueurs avaient même rencontré les journalistes pour exiger ma tête.

Et là, j'ai pris une décision importante : je me suis dis que, peu importe ce qui allait arriver, j'allais diriger le club à ma manière !

Dans ce match-là, notre défenseur Wally Weir avait dardé Danny Gare avec son bâton et écopé d'une punition majeure. Après la période, j'ai accroché Weir :

— T'as pas d'affaire à darder Gare !
— O.K., *coach*...

J'étais retourné à mon bureau quand j'ai entendu un gars, je crois que c'était Dupont, lancer à Wally : « T'as fait la bonne chose, Wally… » J'étais en train de prendre un café, ma porte était entrouverte, j'ai tout entendu. Je me suis dit : « Mon p'tit Bergie, si tu veux survivre dans la Ligue nationale, t'as pas le choix de réagir. Dupont aujourd'hui, Bouchard hier. Ça va finir comment ? »

Je suis retourné dans le vestiaire et j'ai piqué une crise mémorable :

— Je me câlisse ben de ce que vous pensez… J'arrive du *junior*, j'ai pas scoré 50 *goals*… mais ça va être à ma manière en tabarnac ! Ça va être *my fucking way* ! Dupont, t'as pas d'affaire à dire à Wally que c'est correct quand moi je dis que c'est pas correct. Correct ?

— Correct, *coach*…

Je suis revenu à mon bureau soulagé. Finalement, on a gagné 2-1 et Bouchard a été choisi première étoile…

Quand le joueur-vedette Réal Cloutier revient au jeu tard dans la saison, guéri de sa blessure à la cheville, d'autres problèmes ne tardent pas à survenir…

Réal Cloutier et moi, nous n'avions pas une grande relation, mais il me faisait gagner. Pas à ma première année, parce qu'il a été blessé, mais l'année suivante, avec Hunter et Goulet. Il aura été l'un des grands joueurs de l'histoire des Nordiques. Cloutier est encore amer envers moi aujourd'hui. Quelques mois après ma première crise cardiaque, je l'ai croisé à un tournoi de golf. Il m'a regardé dans les yeux puis il m'a lancé des choses pas très jolies. Je suis resté estomaqué. Je me suis dit : « Tabarnouche, je ne croyais pas qu'il me détestait à ce point », mais tout a été pardonné.

J'ai un grand regret en ce qui concerne Cloutier. Dans toute ma carrière d'entraîneur, même à New York, je crois avoir tiré le maximum de chaque joueur. Mais j'ai pas été capable avec lui. Ça m'a toujours hanté, ça me chicote encore aujourd'hui. Parce que Réal Cloutier avait un talent extraordinaire. Il aurait pu avoir tous les spectateurs du Colisée de Québec, tous les Québécois à ses pieds. Il avait le potentiel pour marquer 50 buts et amasser 100 points chaque année. Je l'ai vu réaliser des performances extraordinaires. Est-ce que je m'y suis mal pris avec lui ? Quand je fais le bilan de ma carrière, il reste toujours ce chapitre sombre.

Trois ans après mon arrivée avec les Nordiques, Cloutier a été échangé et est parti à Buffalo. Maurice (Filion) l'a offert à quelques équipes, et Scotty Bowman s'est montré intéressé. Nous, on aimait bien André Savard et Tony McKegney, et j'ai poussé pour obtenir également Jean-François Sauvé, que j'avais dirigé à Trois-Rivières. Cloutier ne l'a jamais accepté et voilà sans doute pourquoi il m'en veut encore aujourd'hui.

On ne fait pas ce métier pour recevoir des fleurs de la part des joueurs. Parce que le *coach*, dans tout ça, c'est toujours le pourri ! Surtout avec les vétérans en fin de carrière. Tu leur enlèves du temps de glace et ils se disent que c'est le *coach* qui ne veut plus d'eux. À l'époque, un gars gagnait, disons, 500 000 $ par année. S'il était contraint à la retraite, c'était Bergeron qui venait de lui coûter 500 000 $! Quelqu'un qui t'enlève

500 000 $, le détestes-tu? Comme j'ai coaché pendant 10 ans, il y en a un paquet qui me détestent. Un gars comme Perron, qui a été dans la Ligue nationale seulement trois ans, c'est moins pire. Il a mis fin à moins de carrières. Mais sept années consécutives avec les Nordiques...

Tous les ans, on mettait fin à la carrière de joueurs contre leur volonté pour faire place à des plus jeunes. Ces gars-là ont accroché leurs patins en se disant: «C'est pas Aubut, c'est pas Filion, c'est Bergeron le responsable!»

Imaginez un peu l'ambiance à l'occasion des retrouvailles des anciens Nordiques. Beaucoup de ces joueurs ont été échangés lorsque j'étais entraîneur et c'est pourquoi je demande toujours aux présidents des anciens Nordiques, Dave Pichette et Michel Parizeau, de s'assurer que tout le monde veut bien me voir à ces retrouvailles. Je suis toujours mal à l'aise dans ces événements, mais j'y vais quand même parce que je ne veux pas me cacher. Je n'ai rien à me reprocher, j'ai fait mon travail de la façon la plus correcte possible.

J'utilise «correcte» et j'y tiens. Je suis écœuré d'entendre des gens dans le milieu vanter leur honnêteté, leur bonté, leur intégrité. Mon ami René Angélil me le répète souvent, il suffit d'être correct dans la vie. D'ailleurs, un *coach* ne peut pas être parfaitement honnête et intègre. Impossible. Parce qu'il nous faut toujours conter des petits mensonges. Mais c'est pour une bonne cause. Comme faire croire à un joueur qu'il est bon en tabarnac alors qu'il ne l'est pas. Tu mens, mais t'es correct quand même. Et je crois avoir toujours été correct au cours de ma carrière...

Dans le monde du hockey, aujourd'hui, des entraîneurs comptent jusqu'à six adjoints, mais Michel Bergeron n'en a pas vraiment eu à ses débuts comme entraîneur.

J'étais davantage de la vieille école, de l'école du *junior*, où j'étais seul derrière le banc. Dans mes années à Trois-Rivières, j'avais un adjoint, René Young, mais il ne m'accompagnait jamais derrière le banc et il n'était pas sur la patinoire au cours des entraînements. Il agissait d'abord comme dépisteur-chef. Je n'avais pas beaucoup de contacts avec le milieu universitaire non plus et l'aspect vidéo n'était pas encore très développé. Marcel Aubut m'avait demandé si je voulais avoir quelqu'un pour m'aider et je lui avais répondu que je n'avais pas besoin d'aide…

Mais je croisais souvent un certain Charles Thiffault, qui était responsable du conditionnement des joueurs. Je l'ai immédiatement trouvé sympathique. En novembre ou en décembre, je me suis retrouvé seul avec Aubut et il m'a dit: «Pourquoi tu ne prendrais pas Thiffault? Il est différent de toi.»

J'ai hésité un peu et, finalement, j'ai accepté. Quelle décision heureuse! On a travaillé ensemble pendant sept ans à Québec, puis je l'ai emmené avec moi à New York. Charles connaît le hockey sur le bout de ses ongles. C'est sa principale force. Il est toujours jovial, positif. On se complétait bien. On avait des philosophies complètement différentes. Lui, il avait étudié le hockey. Une fois, je lui ai dit: «Crisse, Charles, tu vas tomber en bas de tes livres…»

Il m'aidait à élaborer les stratégies. Charles avait écrit un livre sur le style et le système de jeu des

Nordiques et il l'avait donné à chaque joueur. Nous sommes devenus des amis inséparables. À mon avis, nos adjoints deviennent inévitablement nos grands amis.

Simon Nolet est venu s'ajouter à nous dans ma deuxième année. Nous étions un trio inséparable. On n'avait pas le choix de bien s'entendre. On travaillait ensemble 20 heures par jour, parfois 24. Pendant ces années-là, j'ai passé plus de temps avec Charles et Simon qu'avec ma femme…

En plus, on jouait au golf ensemble durant l'été. Nos femmes se côtoyaient. J'aimais le côté frondeur de Simon. Dans les *meetings*, c'était le Beauceron qui sortait. Il me fait penser un peu à Mario Tremblay : ils disent ce qu'ils pensent pis, si t'es pas content, tant pis !

Simon nous apportait aussi quelque chose que nous n'avions pas, Charles et moi : il avait joué dans la Ligue nationale. C'était facile pour lui de s'asseoir avec les joueurs. Il passait beaucoup de temps sur la glace avec les gars. Je trouve d'ailleurs que, de nos jours, les adjoints ne travaillent pas assez avec les joueurs. Simon, lui, si je lui demandais de rester trois heures sur la glace, il restait trois heures à aider les joueurs. Charles aussi. Aujourd'hui, tout le monde est trop occupé à écrire ou à regarder des vidéos...

Simon faisait le pont entre les joueurs et moi. Un adjoint doit faire la « môman » auprès des gars. Écouter les joueurs. Dire aux insatisfaits qu'il va parler de leur problème avec le *coach*. Simon se faisait des alliés dans l'équipe et il arrivait ainsi à me donner le pouls du vestiaire. Il faut avoir une confiance absolue en ton adjoint pour faire ce genre de chose, mais je n'ai jamais été inquiet. Il faut s'entourer d'hommes forts.

Les adjoints peuvent aussi aider à nous aérer l'esprit. Il ne faut pas toujours penser au hockey si on veut avoir les idées plus claires. Pendant mes années avec les Nordiques, j'ai commencé à jouer au Backgammon avec Charles Thiffault. On jouait surtout dans l'avion. Parce que je ne crois pas que travailler 20 heures par jour est profitable.

Parlant d'hommes forts, si j'avais eu la job à Montréal à la place de Jacques Demers en 1992, j'aurais embauché Jacques Lemaire comme *coach* adjoint. Je lui avais d'ailleurs dit : « Jacques, je pense que je vais avoir la job, et je te veux comme adjoint ! » Lemaire m'avait répondu : « C'est drôle, j'ai eu ce pressentiment et j'en ai même parlé à ma femme avant de partir ». Le Canadien a pris une bonne décision et, avec Demers, l'équipe a remporté la coupe Stanley. Mais si on avait été, Lemaire et moi, derrière le banc du Canadien à Montréal, on aurait reviré la province de Québec à l'envers...

À propos de Jacques Demers, c'est à cause d'une confidence faite à Michel Blanchard, de *La Presse*, qu'il a été congédié des Nordiques en 1980. Il avait déblatéré contre Réal Cloutier et Marc Tardif alors qu'il était toujours en poste. Jacques venait de s'attaquer à deux monuments à Québec et la direction n'a pas eu d'autre choix que de lui indiquer la porte.

À mon arrivée au camp d'entraînement, Jacques faisait toutefois encore partie de l'organisation et Maurice Filion l'aimait bien, mais dès les premiers jours je le voyais souvent à l'écart. C'est là que j'ai demandé à

Maurice, Martin Madden et André Boudrias de l'inviter à nos réunions.

Je conserve un beau souvenir de Demers durant cette année. À la fin de la saison, les Forces armées canadiennes avaient demandé aux Nordiques d'envoyer des représentants en Allemagne pour tenir une école de hockey. Demers, Madden et moi avons eu un plaisir fou dans ce pays et on passait toutes nos journées ensemble. J'ai même organisé une partie de badminton à trois heures du matin après un souper bien arrosé! Demers avait perdu et Martin Madden était fâché parce qu'il disait qu'on arrachait l'argent à Demers!

Avec Thiffault et Nolet, l'apport à l'attaque des Stastny, Goulet, Richard, de Bouchard devant les filets, les Nordiques participeront aux séries éliminatoires de la Ligue nationale pour la première fois de leur histoire, avec une recrue derrière le banc!

La première fois que les Nordiques avaient joué dans la Ligue nationale, l'année précédente, Jacques Demers n'avait pas eu ma chance, celle de pouvoir compter sur les frères Stastny. Sans oublier Dale Hunter, qui commençait sa carrière. On a perdu *in extremis* en première ronde dans le dernier match de la série contre les Flyers. Jacques Richard nous avait gardés en vie dans le quatrième match avec le but gagnant. Dans la rencontre décisive, je me rappelle bien, on menait 2 à 1 et les Flyers avaient compté pendant un désavantage numérique à trois joueurs contre cinq. Un but de Dave Poulin. C'était la folie furieuse au Spectrum et on ne s'en est jamais remis.

C'est au cours de cette série contre les Flyers que Michel Bergeron a vraiment découvert le cran des Stastny, surtout de Peter.

Nous étions au début des années quatre-vingt et les européens commençaient à arriver. Les frères Stastny en ont bavé, surtout au cours de cette première série. Je me souviens, l'attaquant des Flyers, Mel Bridgman, n'arrêtait pas de les traiter de *fucking communists*. On trouvait ça très drôle parce que les Stastny sont catholiques comme nous...

Peter, lui, ça ne l'amusait pas du tout. C'était œil pour œil, dent pour dent. Les Européens à l'époque avaient la réputation d'être fragiles, peureux, mais pas les Stastny. D'ailleurs, Peter s'en était pris à Bridgman plus tôt dans la saison et il l'avait reviré sur la glace comme un vulgaire sac de patates. Cette série a été incroyablement violente. C'était épouvantable, les coups qui pouvaient se donner. Les joueurs des Flyers ont tous tenté d'intimider les Stastny, mais ces gars-là ont réussi à obtenir le respect assez rapidement. Nos adversaires voyaient bien que Peter était un colosse et qu'il ne se laissait pas manger la laine sur le dos. Mais les deux frères avaient tellement mauvais caractère qu'ils pouvaient se chicaner au centre de la glace! C'était la grosse *joke* à Québec. Quand Anton ratait une passe de Peter, les deux arrêtaient de jouer et se chicanaient. Et les *fans* riaient...

Bergeron a appris à composer avec les sautes d'humeur de ses merveilleux joueurs slovaques.

Anton, c'était le poète ; Peter, l'homme d'affaires qui lisait continuellement son *Financial Post* et qui suivait religieusement les cours de la Bourse.

Sur le banc, ils se parlaient en slovaque. Je n'ai jamais voulu leur interdire de parler leur langue, même si, au fil des ans, les Nordiques sont devenus une version sportive des Nations Unies dans le vestiaire. Si Normand Rochefort avait le droit de parler en français à Alain Côté, Anton pouvait bien parler à Peter en slovaque. On avait déjà discuté de la possibilité d'imposer l'anglais, mais on avait rapidement laissé tomber la proposition.

L'aîné des frères Stastny, Marian, est venu se joindre aux deux autres un an plus tard. Marian n'avait jamais accepté la défection de ses frères parce qu'il n'avait pas été mis au courant du projet. Ça avait créé un certain froid entre ses deux frères et lui.

Il était talentueux, c'est sûr, mais plus âgé et ses meilleures saisons étaient derrière lui. Ça revenait toujours à cette histoire du temps de glace. Il insistait pour jouer avec ses frères, mais les trois avaient un style trop semblable. Je devais parfois écarter un des trois pour insérer un joueur plus défensif comme Alain Côté et c'est Marian qui payait. J'aurais vraiment aimé coacher un Marian plus jeune. Marian est le seul des trois frères à s'être établi à Québec après sa carrière. Il est aujourd'hui propriétaire d'un terrain de golf.

Les Stastny se sont bien intégrés à la communauté québécoise, même s'ils ne participaient pas vraiment à la vie sociale des joueurs des Nordiques.

Ils savaient que les gens de Québec les adoraient et ils ont rapidement appris le français. Ils ont suivi des cours intensifs. Ils étaient tellement fiers et orgueilleux; ils ne voulaient pas mal paraître quand on les abordait en français. Peter répondait aux journalistes en français, sauf quand les entrevues étaient serrées, comme après une défaite. Il voulait s'assurer d'être bien compris. Dans la vie de tous les jours, je leur parlais en français mais, devant le groupe, dans le vestiaire, c'était en anglais.

Peter ne se mêlait pas trop au groupe une fois les matchs et les entraînements terminés. Il avait quatre enfants et il préférait rejoindre sa famille plutôt que d'aller prendre une bière avec les *boys*. Les gars lui reprochaient parfois de ne jamais sortir avec eux, d'autant plus qu'il était le capitaine. Ce n'était pas idéal pour l'esprit d'équipe mais il fallait respecter la volonté du joueur.

Le Tigre a adoré diriger les Stastny, même si ça n'a pas toujours été facile au fil des années...

Un joueur de caractère n'est jamais facile à diriger! Par contre, une chose est sûre, Peter a toujours donné le maximum. N'oublions pas qu'il a été le meilleur pointeur dans les années quatre-vingt derrière Wayne Gretzky. Deux souvenirs me reviennent inévitablement en tête quand je pense à Peter. Le premier n'est pas nécessairement heureux. Du moins, c'est un moment où j'ai très mal paru. Un jour, j'étais en furie contre lui à la fin d'un match au Colisée. Je ne me rappelle plus pourquoi j'étais fâché, et ça ne m'est pas arrivé souvent de l'être à son endroit. Toujours est-il que le *score* était nul et il y a eu alors une mise au jeu importante dans notre territoire. Peter était le meilleur dans les mises au jeu mais, pour le punir, j'ai envoyé Dale Hunter à sa place. Je savais que je venais de lui faire mal parce qu'il était très orgueilleux. Il grinçait des dents sur le banc. Hunter a perdu la mise au jeu, l'autre équipe a compté sur un tir de la pointe et on a perdu le match! Je m'en voulais tellement. Quand tu veux punir un joueur, il faut que tu gagnes. Les *fans* n'ont peut-être rien vu, mais mon *boss*, en haut, devait bien se demander ce qui venait de me passer par la tête.

Dans l'auto, après le match, j'étais encore en maudit. «C'est moi qui ai perdu ce match-là à soir...» Ma femme était avec moi; elle ne comprenait pas, mais moi, je me comprenais très bien...

Quelques années plus tard, à Los Angeles, par une superbe journée, on pratiquait à Culver City, dans l'un des arénas les plus médiocres en Amérique du Nord. Tellement médiocre qu'il y des brèches entre la bande et la glace à certains endroits, où la rondelle disparaît parfois! J'avais prévu une pratique pour midi. Il devait faire 90 °F. Peter, qui était capitaine, est venu me voir avant l'entraînement. «Es-tu sûr qu'on pratique aujourd'hui? Les gars auraient besoin d'un peu de repos après ce long voyage. Il fait beau, un après-midi près de la piscine ferait du bien.»

Je lui ai répondu que non, qu'il fallait pratiquer. J'ai bondi sur la glace. Il faisait horriblement froid dans ce maudit aréna et on commençait à perdre des rondelles sous la bande. Je suis allé voir Peter et je lui ai dit : « D'accord, on fait un *deal* : on ne pratique pas, mais tu me promets qu'on va gagner demain contre Los Angeles ».

Il a dit : « Je te le promets ! Parfait ! » J'ai envoyé tous les gars à la piscine. C'est la fois où Alain Côté était rouge comme un homard à cause d'un gros coup de soleil. On avait dû lui mettre de la vaseline sur les épaules tellement il était brûlé.

Le lendemain, contre les Kings, on a gagné 6 à 2 et Peter a compté... trois buts ! J'ai compris que les grands athlètes tirent leur épingle du jeu dans les moments importants. Il m'avait fait une promesse et il l'avait tenue de brillante façon ! Je lui ai dit : « D'accord, on ne pratique plus de l'année si tu me promets qu'on gagne toutes les parties ! »

Michel Bergeron sera un entraîneur beaucoup plus sûr de ses moyens à sa deuxième saison, mais une autre grève, individuelle celle-là, viendra ternir le camp d'entraînement...

Je me sentais différent en 1981-1982 parce que là, j'avais l'impression que c'était vraiment notre équipe. On avait un nouveau noyau composé de Peter et Anton, Hunter, Goulet. On avait de bons jeunes qui arrivaient : Normand Rochefort, Dave Pichette, Randy Moller, David Shaw. Marc Tardif songeait à la retraite et Serge Bernier, un des grands des Nordiques, se retirait.

J'étais beaucoup mieux dans ma peau. Je n'avais plus peur de perdre mon emploi, ma famille aimait bien

Québec, et Michèle s'était fait de bonnes amies : Paqueline Nolet, Louise Lapointe, Jeanne-D'Arc Thiffault, Micheline Berthelot, Esther Létourneau, Fernande Filion et Rita Lavoie. Moi, j'avais trouvé des partenaires de golf au club de Loretteville : Denis Harrington était le président de notre club de golf et je commençais à côtoyer les loups du golf, qui sont aussi des requins, les Maurice Duplessis (aucun lien de parenté avec l'ancien premier ministre), Jean-Pierre Garneau, Gilles Rochette, Charlie Durand, Claude Paquette, André Vézina, Jean Turcotte et Claude Champagne. Ils aimaient bien m'arracher l'argent que je gagnais difficilement avec les Nordiques, mais je leur ai fait la vie dure !

Au hockey, les choses allaient relativement bien, mais il y avait un absent de taille au camp, Jacques Richard, qui avait compté 52 buts l'année précédente. Jacques voulait un gros contrat après sa saison exceptionnelle. Je me souviens, je le croisais sur les terrains de golf et je le mettais en garde : « Jacques, fais surtout pas la grève. Tu es dans tes meilleures années. Je vais te faire jouer avec Hunter et Goulet. Essaie d'en venir à une entente… »

Finalement, il a fait la grève et raté le camp d'entraînement. En son absence, j'ai pris la décision de faire jouer Réal Cloutier à sa place avec Hunter et Goulet. Cloutier n'avait pas joué l'hiver précédent à cause d'une blessure à la cheville qu'il s'était faite au cours d'un match de balle molle. La chimie s'est installée rapidement entre les trois. Quand Jacques est revenu, il était trop tard, je ne pouvais pas retirer Cloutier du trio. Jacques a été confiné à un troisième trio. Il a bougonné, et sa carrière a piqué du nez par la suite.

C'est dommage parce que je l'adorais. Mais je devais faire jouer Cloutier avant Richard parce que Cloutier me faisait gagner. Si Jacques n'avait pas fait la grève et s'il s'était présenté en bonne forme au camp d'entraînement, il aurait pu jouer au moins deux ou trois ans avec Hunter et Goulet et sa carrière aurait été complètement différente. Il avait une vision du jeu incroyable. C'était un passeur extraordinaire, un fin marqueur. Sans parler de son courage. À ma première année avec le club, vers la fin de la saison, il devait être rendu à 38 ou 39 buts, et il s'est blessé à la jambe : des ligaments étirés. Il tenait tellement à marquer ses 50 buts ! On s'en allait à Boston et notre soigneur est venu me dire qu'il ne pensait pas que Richard était en état d'affronter les Bruins. J'ai alors annoncé à Jacques qu'il ne ferait pas le voyage. Il s'est mis à me supplier de le laisser jouer. J'ai dit : « D'accord, tu nous accompagnes, et on décidera demain si tu peux jouer ». Une fois à Boston, il avait du mal à marcher mais il a dit : « Pas de problème ! Avec un bon massage, du *tape*, je vais être correct ». Le soigneur n'a pas lésiné sur le *tape*. En soirée, Jacques Richard a marqué trois buts…

Daniel Bouchard continuera de soulever l'ire de Bergeron assez régulièrement…

C'était un fier compétiteur et surtout un gars très, très orgueilleux. Il ne voulait jamais être blâmé… Jamais ! C'est la raison pour laquelle il ne s'entendait pas bien avec ses défenseurs. Il y avait souvent des prises de bec. Une fois, Dale Hoganson et lui avaient failli se battre dans le vestiaire. Il était spécial. Souvent, il montrait du doigt devant 15 000 spectateurs le défenseur qui avait fait une erreur. Les joueurs ne l'acceptaient pas et ils lui disaient leur façon de penser dans le vestiaire. Mais il avait un talent fou et je suis convaincu que, s'il avait joué pour une équipe de premier plan, il aurait gagné la coupe Stanley.

C'était aussi un gars très religieux et ça a provoqué toutes sortes d'histoires. Ça ne paraissait pas beaucoup dans le vestiaire, même si, à l'occasion, il pouvait passer un commentaire du genre : « Cette défaite, c'est Dieu qui l'a voulu… » Il était généreux. Je me rappelle qu'aux fêtes il avait déjà fait venir un camion de boîtes de spaghetti Catelli qu'il avait distribué les pâtes aux familles pauvres de Québec.

Non, il ne dérangeait pas vraiment avec la religion… sauf quand il priait au téléphone. Michel Plasse, son cochambreur quand on était à l'étranger, n'arrivait plus à dormir. Bouchard priait au téléphone avec un joueur des Blues de Saint-Louis, Ed Kia! Plasse me suppliait de le changer de chambre!

C'est à partir de ce moment que j'ai décidé d'adopter une nouvelle politique pour les voyages : les gardiens n'auraient plus à partager leur chambre avec un coéquipier, question de mieux se préparer…

D'ailleurs, c'est assez compliqué, cette histoire de jumelage des joueurs à l'hôtel. Quand j'ai commencé dans la Ligue nationale, je décidais qui allait dormir avec qui. Les joueurs n'étaient pas très heureux. J'ai compris par la suite que certains étaient compagnons de voyage depuis des années et que, moi aussi, probablement, j'aurais préféré être dans la chambre d'un de mes amis. Il y a des joueurs qui fument, d'autres qui ronflent, d'autres qui dorment la lumière allumée, des maniaques de la télévision… Faut respecter ça. Moi, j'aimais changer régulièrement les plans. Chaque fois, la responsable des services à l'équipe, Michèle Lapointe, rageait. J'ai compris quelques années plus tard qu'elle avait raison.

C'était pas correct de ma part d'obliger les gars à partager une chambre avec un coéquipier qu'ils n'aimaient pas. C'était une erreur due à un manque d'expérience de ma part. Hunter et Goulet ont partagé une chambre pendant sept ans et ils sont devenus de grands amis.

Michèle, qui occupe aujourd'hui les mêmes fonctions avec le Canadien, a toujours été la grande sœur des joueurs. Chaque fois que les joueurs avaient besoin d'information, dans tous les domaines, que ce soit pour se dénicher une maison ou une auto, pour réserver des billets d'avion, Michèle était la référence. C'est un travail ingrat parce qu'elle n'est pas toujours reconnue à sa juste valeur.

Au cours de cette deuxième saison où Michel Bergeron est à la tête des Nordiques, Maurice Filion fait l'acquisition d'un autre joueur important, l'attaquant Wilf Paiement. Non seulement celui-ci deviendra-t-il l'un des principaux acteurs de la rivalité Canadien-Nordiques, mais il sera en outre un allié du Tigre.

Nous nous retrouvions avec beaucoup trop de joueurs de même style. On aimait bien ce Wilf Paiement de Toronto. Mon adjoint, Simon Nolet, avait déjà joué avec lui pour les Scouts de Kansas City. Paiement était un costaud, un *power forward* comme on dit dans le milieu, et ce genre de joueur nous manquait cruellement. On l'aimait tellement, Wilf, que Simon avait fait certaines démarches par l'intermédiaire du soigneur des Maple Leafs, qui était francophone lui aussi. On en a payé le prix plus tard, parce que la Ligue nationale nous a imposé une amende pour maraudage !

On avait de notre côté un appât de choix pour les Leafs, Miroslav Frycer, un habile attaquant, jeune, doté d'un excellent lancer. Mais Marcel Aubut n'était pas friand de le laisser aller. Il ne fallait pas toucher à sa filière tchèque. On savait nous aussi qu'il allait devenir très bon. Marcel a fini par accepter et on a mis Frycer en vitrine pendant quelques matchs en compagnie des frères Stastny. Les trois s'entendaient bien même si Peter et Anton aimaient ça nous rappeler qu'ils étaient slovaques et que l'autre était tchèque !

On a finalement réussi à conclure l'échange. J'étais moi-même allé cueillir Wilf à l'aéroport de Québec. Je me souviendrai toujours de sa première remarque en descendant de l'avion : « Hé, y a donc ben de la neige, icitte… »

Je lui ai dit : « On a donné un bon joueur pour toi, mais je pense que tu vas nous rendre de bons services. »

Je n'ai pas eu le temps de terminer ma phrase qu'il me demandait avec qui il allait jouer en soirée. Je lui ai dit qu'il jouerait avec les deux Stastny.

Quelques heures à peine après son arrivée, à la suite d'un court entraînement, il en scorait trois aux côtés de Peter et Anton. On a gagné 6 à 1 !

J'ai vraiment eu beaucoup de plaisir avec lui au fil des ans. Wilf, c'était un poseux de questions. Du genre à entrer dans mon bureau et à me demander, du tac au tac, combien d'argent je pouvais toucher comme entraîneur.

— Soixante mille...

— Ouf, c'est pas beaucoup...

— Ça fait rien, j'aime ça coacher...

Wilf posait beaucoup de questions sur l'argent. Une fois, lors d'un voyage à Toronto, on a vu la photo de Darryl Sittler au Maple Leafs Garden. Je savais qu'il était très proche de Sittler, et je savais aussi qu'il en avait empilé pas mal.

— Wilf, dis-moi, es-tu plus riche que Sittler ?

Il m'a répondu : « Avec le contrat qu'il vient de signer avec CCM, je pense qu'il me devance désormais... »

Autant Bergeron s'entendait bien avec Paiement, autant celui-ci pouvait jouer le rôle de souffre-douleur devant les autres...

Un *coach* a toujours besoin d'un souffre-douleur, d'un *whip boy* comme on dit dans le milieu. Quand ça va mal pis que tu ne sais pas à qui t'en prendre, il t'en faut un. Le mien, c'était Wilf Paiement. Parce que Wilf c'était un gros gars, apprécié par plusieurs, mais détesté par d'autres qui le trouvaient téteux de *coach*.

Je me souviens d'un incident en particulier. J'étais en *meeting* avec Simon et Charles avant un important match au Forum. Dans le vestiaire, les gars étaient nerveux. Certains se levaient même pour aller vomir dans les toilettes. On aurait entendu une mouche voler. Tout à coup, un vétéran s'est mis à parler. Et après, j'ai entendu un gros PROUTTT! Un pet! Je suis entré, j'ai pris une roulette de *tape* pis je l'ai garrochée en direction de Paiement. La roulette l'a frappé juste au-dessus de l'œil. Il s'est levé et s'est mis à me crier des tas de bêtises. Il était furieux, il me traitait de *ass hole*. Je l'ai regardé avec un air de défi.

— T'as besoin d'être poli, mon gros tabarnouche, tu me péteras pas à la face quand moi je vais parler…

— C'est pas moé! C'est pas moé!

— C'est qui, d'abord?

Pis là, j'ai vu Alain Côté dans son coin lever timidement la main.

— *Sorry, coach, nervous shit…*

Tout le monde a éclaté de rire… sauf Wilf. Il fallait le comprendre. J'ai essayé de m'excuser auprès de Wilf. Il faut le comprendre, il avait l'œil enflé. Il a continué à me crier des insultes. Ce que j'ai apprécié, par contre, c'est que, quelques minutes avant le match, il a arrêté Daniel Bouchard et les autres joueurs avant qu'ils sautent sur la glace pour leur dire qu'il s'excusait auprès de moi. J'ai dit: «Oublie ça, Wilf».

J'ai parfois été dur envers lui, mais il a été l'un des gars dont j'ai le plus apprécié la compagnie. Les autres francophones n'osaient pas venir à mon bureau de peur de passer pour des téteux. Pas plus qu'ils ne voulaient jouer au golf avec moi. Ils étaient même mal à l'aise quand je m'installais pour prendre un café avec eux à l'hôtel.

Quand la femme de Paiement a accouché, il a passé la nuit à l'hôpital pour assister à la naissance de son enfant. Il est arrivé au match épuisé. Je lui ai dit d'oublier la rencontre, qu'il ferait mieux de se reposer.

— Retourne plutôt auprès de ta femme et de ton bébé, tu n'es pas en état de jouer.

— Non, *coach*, je veux jouer quand même.

— Correct.

Il a joué quand même, mais ça a été difficile. Les spectateurs n'étaient pas au courant et ils l'ont copieusement hué. Wilf était enragé sur le banc et il voulait répondre aux gens. Je lui ai dit : « Fais-toi-s'en pas. Les gens savent pas que t'as passé la nuit à l'hôpital. Concentre-toi sur le match… »

Alain Côté, un robuste ailier gauche qui passera de longues années à Québec et qui deviendra lui aussi un acteur de premier plan dans cette rivalité Canadien-Nordiques, est à l'origine d'une autre anecdote savoureuse…

Le couvre-feu, on prenait ça très au sérieux, surtout à Montréal, avant les matchs contre le Canadien. Les joueurs devaient être au lit à 23 heures dans leur chambre d'hôtel. Je vérifiais personnellement si les gars étaient couchés à l'heure. Un jour, on rentrait de Boston et on s'est rendus directement à Montréal pour un match le lendemain. C'était un vendredi et, après la pratique, vers trois heures, les gars jasaient dans le vestiaire par petits groupes. Je savais très bien que la vie nocturne à Montréal était intéressante. Je sentais qu'ils préparaient une sortie. Au souper, Charles, Simon et moi, pour s'amuser un peu, on a décidé de faire un *pool* pour savoir lesquels allaient respecter le couvre-feu. On a tiré à pile ou face et j'ai gagné, j'ai eu le premier choix. Je n'ai pas hésité une seconde et j'ai inscrit sur ma liste le nom d'Alain Côté, qui était probablement le gars le plus rangé de la gang. On a mis une vingtaine de piastres sur la table.

À 23 heures, j'ai téléphoné dans toutes les chambres. Robert Picard, qui partageait la sienne avec Côté, a répondu au téléphone.

— Salut, Robert. C'est Michel. O.K., bonne nuit, passe-moi Alain.

— Euh… *coach*, Alain est pas rentré.

— Quoi?

— Non, y est pas là…

— Dis-lui qu'il m'appelle dès qu'il arrive.

À 23 h 30, toujours pas de téléphone de Côté. Mes adjoints avaient un *fun* noir, je venais de perdre mon pari.

J'ai décidé, pour passer le temps, de rappeler dans certaines chambres. Parce que j'avais de l'expérience. Les gars nous répondaient à 23 heures, ils faisaient semblant d'aller se coucher puis, à 23 h 15, ils étaient sortis. J'en ai tellement vu de ces trucs-là chez les *juniors*. Donc, je rappelais à 23 h 30 et, quand les gars répondaient, je disais : « *Sorry, wrong number…* »

À 23 h 40, j'ai rappelé à la chambre de Picard et Côté. Simon et Charles étaient derrière moi, ils ricanaient.

— Robert, passe-moi Alain !
— Toujours pas rentré...
— Voyons donc ! Pas Alain Côté ! Câlisse, Alain, c'est le gars le plus respectueux, le plus discipliné sur Terre !

Là, je commençais à m'inquiéter. Il était peut-être arrivé un accident, une malchance, quelque chose. J'ai dit à Picard que Côté devait m'appeler quand il arriverait, peu importe l'heure.

À 2 h 30 du matin, mon téléphone sonne enfin. C'est Alain. La voix hésitante.

— S'cuse-moi, *coach*...
— Alain ? Qu'est-ce qui se passe ?
— Ma famille de pension chez les *juniors* à Chicoutimi était de passage à Montréal ; on est allés souper, j'ai pas vu passer le temps...
— C'est correct, Alain, c'est pas grave.

C'est sûr que j'allais lui pardonner. Alain avait décidé de gâter les membres de sa famille d'accueil en les emmenant au restaurant, il leur avait payé quelques bouteilles, non, ce n'était vraiment pas parce qu'il avait voulu courir les jupons...

Le lendemain, j'étais en train de m'habiller dans mon bureau quand j'ai entendu Côté s'adresser aux gars dans le vestiaire. Il était complètement à l'envers.

— Les *boys*, je m'excuse, je vous ai laissé tomber hier soir, j'ai raté le couvre-feu...

J'entre dans le vestiaire et je l'interromps.

— Arrête-moi ça tout de suite ! T'as pas d'affaire à t'excuser. C'est correct, j'ai dit.

— Non, *coach*, j'ai manqué de respect. Je veux payer l'amende.

— Laisse faire l'amende, voyons donc !

Les gars riaient de bon cœur. Surtout que, dans le groupe, il y avait une couple de joyeux lurons. Cher Alain…

Il ne fallait pas virer fou avec les règlements non plus. Rater un avion à sept heures le matin, ça peut arriver. À midi, il n'y a aucune excuse, mais à sept heures, le réveille-matin peut ne pas sonner. C'est la vie. Il faut savoir être indulgent. Tu peux arriver chez le médecin en retard parce que ton auto n'a pas démarré. Les règlements d'une équipe de hockey, c'est seulement pour les indisciplinés. Des cas comme celui d'Alain Côté, ça peut arriver à l'occasion. Au moins 95 % de nos joueurs n'ont jamais été mis à l'amende. Peter Stastny, lui, jouait avec mes nerfs. L'autobus partait à 11 heures et il arrivait toujours une minute avant qu'on parte. Je lui disais : « Peter, t'es le capitaine. Attends-tu qu'un jour on parte sans toi ? » Il me répondait que l'autobus partait à 11 heures, qu'il était là pour 11 heures. Je disais : « D'accord, mais si jamais l'ascenseur s'arrête à tous les étages et que tu perds cinq minutes ? Qu'est-ce que je fais ? » Il me répondait : « Partez, je prendrai un taxi. » Mais il n'était jamais en retard…

Les Nordiques, c'était ma famille. Je ne me suis jamais servi des amendes comme menace pour imposer les règlements. Je trouvais ça enfantin. Je jouais sur l'orgueil des gars. Ça fait beaucoup plus mal à un joueur qu'on le raye de la formation ou qu'on le laisse sur le banc que de toucher à son portefeuille. Après les matchs, j'invitais les membres de la presse, et aussi des amis, à prendre une bière. Les seules fois où je me fâchais, c'est quand quelqu'un me disait que tel ou tel joueur ne l'avait pas ce soir-là. Je commençais à défendre le joueur en question parce qu'il était un membre de ma famille. Maurice Filion et moi étions toujours ensemble après les matchs, et on aimait parler de certaines situations de match qui venaient de se produire. Quand Maurice partait, il me disait toujours : « On s'en reparle demain matin… »

On a souvent l'image de la série télévisée Lance et compte… *Les joueurs à l'étranger…* les *groupies…*

J'ai bien aimé *Lance et compte*. C'était romancé au maximum, mais il y avait une part de vérité. C'est toutefois pas toujours ce que l'on pense. Les joueurs entre eux aiment ça se vanter, mais ils ne passent pas toujours aux actes.

Et toutes les histoires des Nordiques sur la Grande-Allée? Au Dagobert?

Le monde est tellement petit, à Québec… Quand un joueur sortait sur la Grande-Allée, au *Dagobert* ou ailleurs, on entendait des spectateurs hurler dans les estrades : « Hé, je l'ai vu au *Dagobert* hier! »

Je recevais même parfois des coups de téléphone : « Michel Bergeron ? J'ai vu deux de tes joueurs au *Beaugarte*. » Je leur répondais : « Oui, belle place, je connais les propriétaires, Andy Despatie, Serge Bernier et Jean-Pierre Goulet. Si vous étiez là, ça doit effectivement être une bonne place ! » Le gars ne savait plus quoi répondre...

Dans le fond, le joueur de hockey n'est pas différent d'un médecin, d'un avocat, d'un laitier ou d'un boulanger. Quand on veut faire des rencontres, on sort. Et le hockeyeur a le droit lui aussi d'aller prendre une bière. Excepté que c'est un homme public. Il doit bien se comporter. Et quand il sort de la place, au moins 100 personnes sont au courant. Il n'est pourtant pas plus mauvais qu'un autre. Une équipe de hockey, c'est comme la société : il y a toutes sortes d'individus dans le club.

C'est arrivé une seule fois que j'ai été obligé d'échanger un joueur parce qu'il avait une mauvaise influence. C'était le défenseur Jeff Brown et ça s'est produit vers la fin de mon association avec les Nordiques, après mon expérience à New York.

Peter et Michel Goulet voulaient partir et j'étais pris avec un paquet de jeunes. Brown était un jeune vétéran et il en menait large. Il s'occupait de Joe Sakic et de Curtis Leschyshyn, et ces deux-là, j'aimais pas les histoires que j'entendais à leur sujet. On a échangé Brown contre Greg Millen et Tony Hrkac. J'ai été blâmé pour cet échange, mais les gens ne savaient pas pourquoi il fallait nous débarrasser de Brown.

Idéalement, un entraîneur aime mieux avoir des joueurs mariés au sein de son équipe parce que le meilleur policier pour un couvre-feu, c'est la femme du joueur. Pourquoi pensez-vous qu'on ne vérifie pas le couvre-feu à domicile? Le gars ne peut pas rentrer tard tous les soirs parce que, sinon, c'est le divorce. Quand je suis revenu la deuxième fois à Québec, il y avait un paquet de célibataires, des jeunes, et dans la Vieille Capitale il y a de bons restaurants, de beaux bars, de belles filles…

J'ai vécu un moment troublant en novembre 1982. Normand Léveillé, une future vedette des Bruins de Boston, s'est écroulé dans le vestiaire de son équipe entre les deux périodes d'un match contre les Canucks, victime d'un accident vasculaire cérébral. Léveillé avait été frappé soildement quelques instants plus tôt par Marc Crawford, qui a dirigé plus tard les Nordiques, l'Avalanche et les Canucks de Vancouver, où il est toujours. La mise en échec était parfaitement légale, mais Léveillé avait été atteint durement.

Par hasard, les Nordiques étaient à Vancouver au moment de la tragédie. J'ai vu l'incident plusieurs fois à la télévision et j'ai décidé d'aller visiter Léveillé à l'hôpital en compagnie de Charles Thiffault et de Michel Villeneuve. Quand je suis entré dans la chambre, Normand était étendu sur son lit, couvert de tubes, dans un état semi-comateux. Son frère était à côté de lui. Je me suis avancé vers le lit, je l'ai regardé, puis son frère lui a lancé :

— Normand, c'est Michel Bergeron. Serre-lui la main si tu le reconnais.

Et là, à ma grande surprise, Normand Léveillé a tendu la main et il me l'a serrée. L'émotion m'a frappé de plein fouet. J'étais couvert de sueur. Charles est arrivé avec une chaise parce qu'il voyait bien que j'avais les jambes molles.

Normand Léveillé réside maintenant dans la région de Québec. Grâce à un courage extraordinaire, il a réussi à retrouver ses sens, mais il garde toujours des séquelles de son accident.

C'est dommage parce qu'il aurait eu une carrière extraordinaire avec les Bruins. Il possédait un talent incroyable. Je suis toujours aussi ému quand j'en reparle, même aujourd'hui…

À l'arrière : Robert Chéral, Rodger Brulotte, Raymond Demers, Pauline Laporte, Michel Bergeron, Pierre Lacroix, André Bonenfant, Réal Lelièvre et Jean Trottier. À l'avant : Ménick, Christian Bergeron, Robert Desjardins, Richard Morency.

Lors du départ de Michel pour Québec, Èva Brunet, grand-mère de Michel, Michèle Bergeron et la mère de Michel, Lorraine.

Michel Bergeron en compagnie du maire de Montréal, Jean Drapeau.

À l'arrière : Maurice Filion, son épouse Fernande et Richard Morency.
À l'avant : Marcel Aubut, Michel et Michèle, ainsi que Lorraine Bergeron. En août 1980.

En 1982, Michèle, Michel et Karine Bergeron au Colisée de Québec.

En octobre 1984, Marcel Aubut et son épouse Francine font la vague...

En 1984, à l'occasion du party de Noël.

Maurice Filion et Michel Bergeron.

La famille Bergeron réunie à l'occasion des fêtes en 1985.

Dale Hunter, le joueur le plus courageux qu'il a dirigé. Il a été le cœur et l'âme des Nordiques de Québec pendant sept ans.

En 1986, Wally Weir, Jean-François Sauvé, Normand Rochefort et l'arbitre Denis Morel.

Michel Bergeron exprimant son exaspération.

En 1986, David Shaw, Risto Siltanen et Guy Lapointe.

En 1986, Simon Nolet, Marcel Aubut et Michel Bergeron.

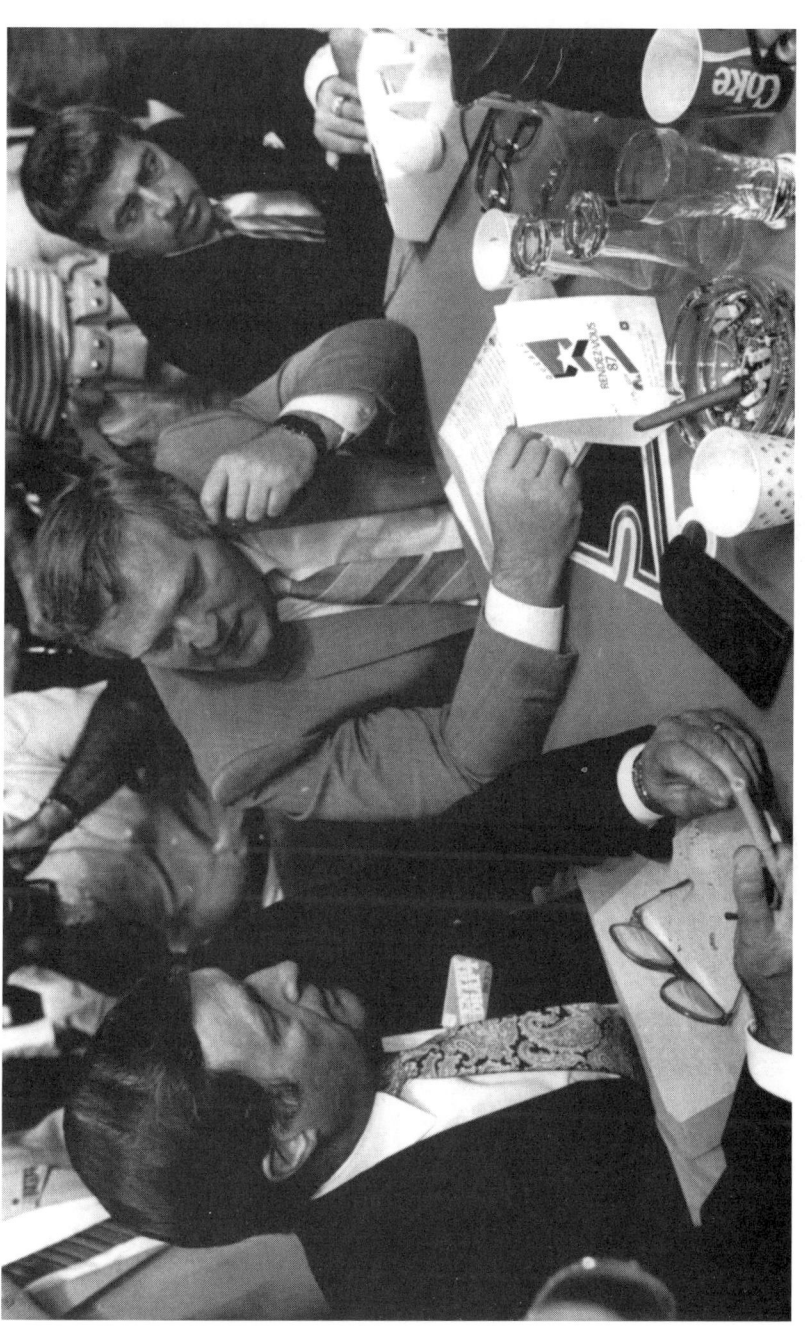

En juin 1986, de gauche à droite : Maurice Filion, Marcel Aubut et Michel Bergeron.

Le 12 mai 1987, Michel est assailli par les journalistes.

Peter Stastny et Michel Bergeron.

En 1987, Charles Thiffault, Simon Nolet, Michel Bergeron et Bernard Brisset.

Lors de Rendez-Vous 1987 avec Wayne Gretzky.

En avril 1987, Charles Thiffault et Michel Bergeron.

En novembre 1988, Chris Nilan et Michel Bergeron.

En octobre 1989, Michel songeur et fort découragé.

En mars 1990, dernier match entre les Nordiques et le Canadien, Michel Bergeron et Pat Burns sous le regard de Sergei Mylnikov.

Au printemps 1990, à la cabane à sucre de Guy Lafleur.

Michel Bergeron et Scotty Bowman.
Rencontre de deux grands entraîneurs du hockey.

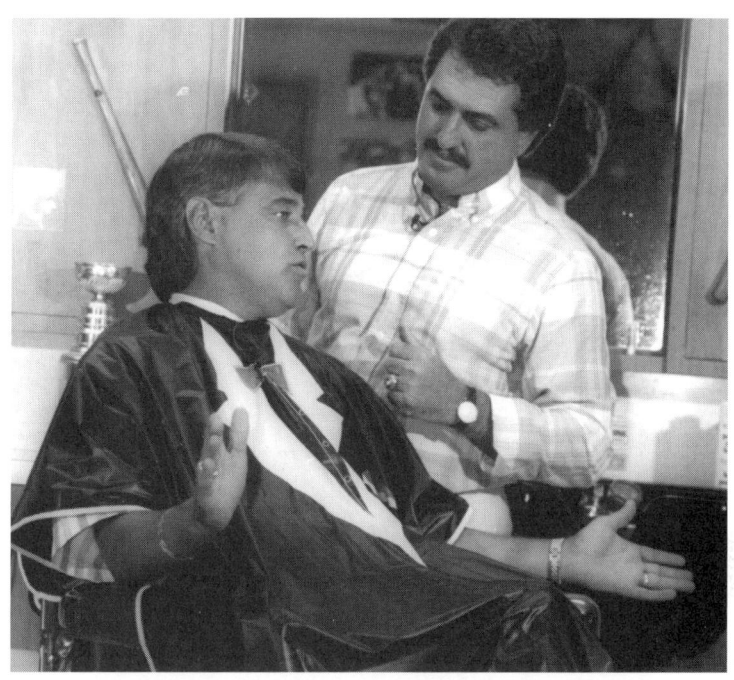

Michel Bergeron et Ménick, le coiffeur des sportifs.

Michèle et Michel

« *Start spreading the news !* »

Michèle, Michel et Karine à New York.

En 1987, Wayne Cashman, Michel Bergeron et Charles Thiffault.

En janvier 1988, Michèle, Michel, Karine et la mère de Michel.

4

Le début d'une grande rivalité

Avril 1982. Les petits cousins du Canadien, les Nordiques, affrontent pour la première fois la Sainte Flanelle en séries éliminatoires. Dans le camp du Tricolore, on se prépare avec sérieux à affronter cette équipe somme toute talentueuse, mais une défaite aux mains de cette équipe encore naissante est presque inimaginable. Quand Dale Hunter marque en prolongation dans le match décisif pour éliminer le Canadien, il vient de déclencher une guerre qui déchirera la province pendant les 10 prochaines années...

Une chose m'a beaucoup frappé dans ce match décisif. Lorsque Hunter a marqué le but gagnant, Brian Engblom, Rod Langway, Doug Jarvis et Craig Laughlin se trouvaient sur la patinoire pour le Canadien. Au début de la saison suivante, les quatre ont été échangés aux Capitals de Washington contre Ryan Walter et Rick Green... et le Canadien avait un nouveau président, Ronald Corey! Je demeure convaincu que le but qui a provoqué l'élimination du Canadien n'est pas étranger à ce ménage.

On venait de battre le Canadien pour la première fois en séries éliminatoires et les beaux petits cousins sympathiques avec leurs gilets bleus, c'était bel et bien terminé. On était désormais des ennemis.

On avait vécu des émotions extraordinaires après le match. Surtout que nous avions réussi à les battre sans

Peter Statsny ni Wilf Paiement. Dans cette série, Pat Hickey avait été extraordinaire. Une fois, dans une situation à cinq contre trois, avec Hunter au banc des punitions, et Statsny qui n'était pas là, Hickey, sur le banc, s'est retourné et m'a lancé : « Michel, j'ai déjà été bon dans les mises au jeu lorsque j'étais jeune. » Je l'ai envoyé sur la glace, il a gagné sa mise au jeu et le Canadien n'a pas obtenu un seul tir au but durant cet avantage numérique. On n'oublie pas ce genre de moments-là. Pierre Aubry, un joueur effacé, avait eu tout un match lui aussi.

C'est drôle parce que, avant de quitter Québec pour le match décisif à Montréal, j'avais dit aux joueurs, dans un élan d'optimisme, d'apporter des vêtements pour six jours. Parce que, si on gagnait, on partait ensuite pour Boston. Nous n'étions pas favoris, surtout en l'absence de nos joueurs importants, mais je n'étais tout de même pas pour leur dire qu'on partait pour un seul match…

Après la rencontre, Marcel Aubut m'attendait en larmes sur le banc. Maurice Filion était un homme moins exubérant, mais il avait de la difficulté à contenir sa joie. On sentait que c'était le début d'une grande aventure. Marcel a même déclaré que j'étais comme un fils pour lui. Quand un entraîneur entend ça de son président, ça fait toujours chaud au cœur.

Je crois qu'il me respectait de plus en plus. Ça allait évidemment en fonction des victoires. J'étais très impressionné par Aubut à mes débuts. Il pouvait obtenir de parler au premier ministre en claquant des doigts s'il le désirait. Des ministres assistaient souvent à nos matchs derrière le banc et ils venaient de passer par le

LE DÉBUT D'UNE GRANDE RIVALITÉ

bureau de Marcel pour aller ensuite souper avec lui. Comme j'arrivais de Trois-Rivières dans le *junior*, je me sentais dans le gros jet-set.

Après la série contre le Canadien, on est partis pour Boston afin d'y affronter les Bruins en deuxième ronde. Marcel était parti pour la gloire. Il voulait donner une automobile à tous les joueurs si on battait cette équipe. J'ai un peu calmé ses ardeurs. Parce que, si on promettait un cadeau de la sorte après chaque victoire, qu'est-ce que ça prendrait pour une coupe Stanley? On s'est donc mis d'accord pour offrir un voyage aux gars s'ils battaient les Bruins…

Une énorme tuile nous est tombée sur la tête à Boston. Daniel Bouchard, qui avait été incroyable contre le Canadien, a été victime d'un empoisonnement alimentaire dans l'avion. J'ai été obligé de faire jouer le substitut John Garrett, qu'on avait obtenu en échange de Michel Plasse. Garrett n'a pas mal fait, loin de là, on a même pris les devants 3 à 2 dans la série, mais les Bruins ont provoqué l'égalité et forcé la présentation d'un septième match à Boston. Garrett, aujourd'hui analyste à CTV, était au bout du rouleau. Usé à la corde. Il n'avait pas joué de l'année et voilà qu'il avait disputé 6 matchs en 12 jours. J'ai fait venir Bouchard à mon bureau pour lui demander s'il pouvait goaler le lendemain à Boston. Daniel m'a répondu que oui, il se sentait mieux. Le match a été incroyable. Terry O'Reilly a tenté d'arracher la tête de Dale Hunter pendant tout le match. On menait 2 à 1 en fin de troisième grâce à un but de Dave Pichette.

Je me rappellerai toujours la dernière minute de jeu. L'entraîneur des Bruins, Gerry Cheevers, a demandé qu'on mesure le bâton de Wilf Paiement. Si la courbe sur sa palette n'était pas réglementaire, on écopait d'une punition de deux minutes.

Quand Wilf est revenu au banc, j'étais pas mal nerveux…

— Pis, Wilf, ton bâton, y est-tu légal?

Il me regarde sans me répondre.

— Ah! mon tabarnac! On est dans la dernière minute d'un septième match pis tu joues avec un bâton illégal? À quoi tu penses, ostie?

On a finalement gagné malgré la punition à Paiement. Après, on affrontait les Islanders de New York en troisième ronde. C'étaient les grosses années des Islanders avec Bryan Trottier, Denis Potvin, Mike Bossy et Billy Smith.

Notre club était décimé par les blessures. On comptait sur Randy Moller, qui n'avait même pas fini son *junior*. On était vraiment affaiblis. C'était effrayant de voir les gars dans le vestiaire. Dale Hunter jouait avec une main fracturée depuis la première série contre le Canadien. C'est lui qui avait pris la décision de jouer quand même et il se faisait geler la main une heure avant chaque match. C'est là que j'ai découvert son courage. Tout le monde chez le Canadien savait qu'il avait la main fracturée et personne ne s'attendait à ce qu'il joue. Je crois que quand ils l'ont vu sur le banc, ça les a assommés. Et il s'est permis de marquer le but qui les éliminait…

Mais en raison des blessures, on n'a pas fait long feu contre les Islanders.

LE DÉBUT D'UNE GRANDE RIVALITÉ

L'arrivée de francophones à la tête du Canadien, soit le président Ronald Corey en 1982, le directeur général Serge Savard en 1983, puis l'entraîneur Jacques Lemaire au printemps 1984, transformera la rivalité Canadien-Nordiques en une énorme chicane de famille qui passionnera les foyers québécois au milieu des années quatre-vingt. Les joueurs se détesteront, les journalistes de Montréal et de Québec se détesteront, mais Lemaire et Bergeron se détesteront encore plus profondément que tous les autres...

Si les gens savaient ce qui se trame parfois derrière les portes closes. La rivalité Canadien-Nordiques a failli être complètement différente. Serge Savard a passé proche d'être défenseur pour les Nordiques bien avant de devenir directeur général du Canadien... En 1981, Savard avait été libéré, ou plutôt soumis au ballottage, par le Canadien. Marcel Aubut en a profité et il l'a invité à un souper d'équipe des Nordiques. Maurice Filion et moi lui avions parlé. On lui avait fait part de la possibilité qu'on le repêche. Je le connaissais déjà un peu, on avait fréquenté la même école à Louis-Hébert et je l'avais affronté au hockey dans la Ligue métropolitaine. On lui avait demandé s'il viendrait jouer pour nous. Il hésitait, mais je sentais que ça lui tentait. Finalement, Maurice a laissé tomber l'idée. Il ne voulait pas provoquer de commotion. Savard avec les Nordiques, j'imagine les manchettes. Ce sont les Jets de Winnipeg qui l'ont repêché, mais je ne peux m'empêcher encore aujourd'hui de penser à cette histoire. Si Serge avait joué pour nous, il aurait été impliqué dans la rivalité et il ne serait jamais devenu directeur général du Canadien. Jacques Lemaire n'aurait donc probablement jamais été nommé là non plus. Je me demande bien à quoi aurait ressemblé la rivalité…

Avant même l'arrivée de Jacques Lemaire, qui a remplacé Bob Berry en mars 1984, Bergeron lui-même aurait pu disparaître du portrait.

En 1983-1984, donc la première année de Serge Savard avec le Canadien, les choses allaient plutôt mal dans notre cour. Les rumeurs de congédiement à mon sujet commençaient à pleuvoir. C'étaient mes premières rumeurs de congédiement en carrière. La famille était inquiète. Moi aussi. Parce que, à mes premières années à Québec, j'avais peur de perdre ma job après chaque défaite. Je me disais toujours que j'avais pas scoré 500 buts, que je n'étais pas un membre du Temple de la renommée, que je n'avais jamais joué dans la Ligue nationale.

Il fallait que je trouve un moyen de gagner et j'étais obsédé par la victoire. Quand l'équipe perdait, c'était comme une règle, je ne parlais à personne dans la maison. La famille vivait au rythme des victoires et des défaites de l'équipe. Mon frère Christian venait parfois de Montréal pour voir les Nordiques au Colisée, mais quand on avait perdu je ne lui parlais pas après le match…

Donc, les rumeurs s'intensifiaient et ma fille Karine, qui était au primaire, ne voulait même plus aller à l'école. La veille, quand elle était montée à bord de l'au-

LE DÉBUT D'UNE GRANDE RIVALITÉ

tobus scolaire, les autres enfants avaient commencé à chanter que Bergeron serait congédié. Ma femme s'est chargée de rassurer tout le monde car la famille à Montréal n'arrêtait pas de téléphoner. Elle était un peu inquiète quand même, mais c'était son rôle de se faire rassurante. Et elle continuera à faire le lien entre la famille et moi chaque fois qu'il y aura des rumeurs de congédiement à mon sujet. Car il y en aura chaque année pendant sept ans, sauf les deux ou trois dernières saisons...

On rentrait de Boston, on venait de subir trois défaites et j'étais nerveux. J'avais peur de perdre ma job. Puis est arrivé ce moment extraordinaire. Maurice Filion est venu me voir à bord de l'avion.

— Ouais, y a pas mal de rumeurs de congédiement à ton sujet...

— Je sais.

— Écoute, je veux te voir au *Marie-Antoinette* (un restaurant de Québec) aussitôt qu'on descend de l'avion.

— D'accord.

J'étais encore plus nerveux en arrivant au restaurant. Il était deux heures du matin et Filion voulait me parler sur-le-champ. Avec toutes ces rumeurs qui circulaient, je n'étais pas très rassuré...

On s'installe à table.

— Comment ça va, Michel?

— Euh... pas très bien, avec toutes ces rumeurs...

— Qu'est-ce qui te rendrait heureux, Michel?

— De gagner. Si on gagnait un peu, ça me rendrait vraiment heureux...

— Écoute, Michel, ton contrat arrive à échéance à la fin de la saison et je veux que tu sois heureux, que tu

195

te sentes en sécurité. Je veux te donner un nouveau contrat.

J'étais complètement estomaqué. On venait d'en perdre trois de suite, il y avait toutes ces rumeurs, pis Maurice m'offrait un nouveau contrat…

Il a ajouté, je m'en souviendrai toujours : « Au cas où il arriverait quelque chose… » Et il m'a signé un contrat de trois ans sur une *napkin* du *Marie-Antoinette*!

Je crois qu'il me donnait 90 000 $ par année. Je le regardais signer, pis je braillais comme un veau. J'avais vécu tellement d'émotions difficiles dans les semaines qui avaient précédé. Lui aussi, il avait le motton. Il a alors intercepté la serveuse et il a commandé quatre ou cinq bières. On a veillé jusqu'à cinq heures du matin. On buvait nos bières et les gens à côté mangeaient leurs œufs et leur bacon! Tout le monde se demandait ce qu'on faisait là. Maurice aura toujours réussi à m'impressionner, à me prendre par surprise.

Le lendemain, les gros titres dans les journaux disaient que les rumeurs de congédiement s'intensifiaient. Moi, je regardais ma petite *napkin* et je souriais.

Quelques semaines ont passé, et les rumeurs ont continué à circuler. Je n'avais rien dit à personne au sujet du nouveau contrat. Un matin que la rumeur était plus forte que jamais, Joe Hardy, Marc Simoneau et Maurice Dumas m'attendaient à l'aéroport.

J'ai joué l'innocent.

— Moi, congédié? Impossible, je viens de signer un nouveau contrat de trois ans.

Je les ai pris par surprise…

LE DÉBUT D'UNE GRANDE RIVALITÉ

Grâce à Filion, Bergeron aura donc la chance d'affronter Jacques Lemaire pour une première fois en séries éliminatoires, au printemps 1984. Un certain match de Vendredi saint passera à l'histoire…

Lemaire, je le connaissais déjà un peu. Il avait dirigé les Chevaliers de Longueuil et un club en Suisse, mais il avait aussi été l'agent de Réal Cloutier, de Michel Goulet et de Marc Tardif à son retour d'Europe. Je ne me rappelle pas avoir eu de réelles discussions avec lui parce que c'était surtout Maurice Filion qui négociait, mais il y avait déjà un certain froid à l'époque. Une fois, les gars avaient emprunté notre clinique médicale pour tenir une réunion au téléphone avec Lemaire. Notre physiothérapeute, Jacques Lavergne, attendait à l'extérieur. Il m'avait dit : « Je ne peux pas entrer. Tardif, Cloutier et Goulet sont en *meeting* au téléphone avec Lemaire. »

L'après-midi même, j'ai fait débrancher le téléphone dans la clinique. Fini les *meetings* avec les agents…

Donc, j'imagine que je n'avais peut-être pas un préjugé favorable quand il est devenu *coach* du Canadien. Et ça n'a pas mis de temps à s'envenimer. On a rapidement commencé à s'envoyer des pointes dans les journaux au cours de la série. Il savait comment me piquer. Comme en parlant de *stuff* de *junior* de la part de Bergeron après un match mouvementé, en faisant référence à mes années à Trois-Rivières. Je répliquais en le traitant de lâcheur. Savard et Filion se respectaient beaucoup. Aubut et Corey ne s'aimaient pas d'un amour tendre, mais ça ne paraissait pas parce qu'ils étaient des hommes d'affaires. Entre hommes d'affaires, on ne se dit pas qu'on ne s'aime pas. Lemaire et moi, par contre, on ne se gênait pas pour se détester en public…

J'avais sa photo épinglée sur le mur de mon bureau. Maurice Filion me demandait pourquoi. Je lui répondais que le matin je ne savais pas quoi faire avec mon p'tit change. C'était davantage un spectacle pour les journalistes, qui se régalaient de nos rivalités. À cette époque, ils étaient moins nombreux et je les recevais à mon bureau.

Les journalistes Maurice Dumas, Claude Cadorette, Albert Ladouceur et les autres ne se gênaient pas pour rapporter la scène. Ils savaient qu'ils seraient lus à Montréal et que la réplique ne tarderait pas à venir. C'était presque un jeu. J'ai eu une politique qui m'a toujours bien servi : je n'ai jamais fait de confidences *off the record*. J'allais souper avec les journalistes et tout ce que je leur disais pouvait être publié. Je faisais attention à ce que je disais quand même. En 10 ans, je n'ai jamais été mal cité. J'ai pourtant entendu tellement d'entraîneurs se plaindre d'avoir été mal interprétés. C'est de la bouillie pour les chats !

Le matin des matchs, les chroniqueurs de Montréal, Bertrand Raymond, Réjean Tremblay et Yvon Pedneault, voulaient tous une entrevue individuelle. Ils me rapportaient les propos de Lemaire et je répliquais. Ils retournaient voir Lemaire. Ça donnait de la matière pour au moins deux ou trois articles…

Quand on allait jouer au Forum, nos relationnistes, Jean-Paul Tellier, Michel Parizeau, Michèle Lapointe ou Jean D. Legault, nous refilaient les journaux. On dévo-

LE DÉBUT D'UNE GRANDE RIVALITÉ

rait tout ce qui s'écrivait sur nous entre Québec et Montréal. J'en avais pour tout le trajet. Il y avait 5 journaux, et entre 10 et 12 pages par journal…

Il y avait beaucoup de haine dans l'air. Même les journalistes prenaient ça personnel. Michel Villeneuve, Pierre Trudel, Marc Simoneau, Claude Bédard, tout le monde voulait se battre avec tout le monde. Nous, les entraîneurs et les joueurs, étions les grands responsables de cette escalade de violence, disons, verbale, mais les journalistes étaient pris là-dedans sans s'en rendre compte. Plusieurs disaient à l'époque que c'était dégueulasse d'agir ainsi, mais aujourd'hui, ils se plaignent que cette rivalité n'existe plus.

J'ai vraiment appris, surtout lors de cette série de 1984, à détester profondément le Canadien. On ne peut pas imaginer à quel point je haïssais cette équipe et tout ce qui l'entourait. Si un partisan m'abordait et avait le malheur de me dire, même poliment, qu'il préférait le Canadien, je l'envoyais promener. C'était fou comme ça. Et ça ne me dérangeait pas parce que j'avais l'habitude des confrontations, des chicanes. Je m'étais chicané toute ma vie. Jeune, dans les ruelles, je me chicanais ; au hockey, je me chicanais ; aux cartes, je me chicanais. Alors, quand je venais à Montréal et que les gens me criaient des bêtises dans les estrades, je leur disais de prendre un numéro, qu'il y en avait 10 000 avant eux.

Notre entourage aussi nous aidait à détester l'ennemi. Au dépanneur, chez le nettoyeur, tout le monde disait : « Crisse que je les haïs ! » On disait : « Parfait ! Nous autres aussi ! » Le gars du dépanneur me lançait : « Michel, à soir, vous pouvez pas perdre contre ces osties-là!» Je le rassurais : «Sois pas inquiet. Installe-toi devant la télévision. Ça sera même pas drôle, ils toucheront pas au *puck*...» Les journalistes Bédard, Cadorette et Dumas faisaient une maladie juste à parler du Canadien.

Ça a été un peu loin. Je me rappelle même qu'un des professeurs de mon garçon lui avait interdit de porter un chandail des Nordiques en classe. Il était un *fan* du Canadien. Je n'en revenais pas qu'on puisse s'en prendre ainsi à un enfant...

Dans cette série, justement, un soir, au Forum, ma mère et ma femme étaient dans les estrades. Pendant 60 minutes, les 18 000 personnes dans les estrades ont crié : «BERGERON, POURRI! BERGERON, POURRI!» Je n'en revenais pas, derrière le banc. Je me suis dit : «Tabarnouche, c'est presque un éloge!» C'était trop gros pour le croire. Ma mère, elle, était secouée. Elle se demandait si c'était bien de son fils qu'on parlait ainsi...

C'est le soir où le lutteur Dino Bravo, qui est décédé aujourd'hui, avait tenté de s'en prendre à moi. Je l'entendais me crier des noms. À un moment, je me suis retourné derrière le banc et Bang! le colosse de 300 livres est entré en collision avec mon adjoint Simon Nolet! Simon, qui est quand même capable, a pris le bord. Tout a revolé : ses écouteurs, ses feuilles de notes! Je l'avais évité de justesse en me retournant. Je n'ai jamais su pourquoi Bravo, qui avait eu des billets de Serge Savard, a voulu me faire passer un mauvais quart d'heure. Peut-être qu'il n'aimait pas la manière dont je dirigeais mon club...

LE DÉBUT D'UNE GRANDE RIVALITÉ

Le plus drôle dans toute cette histoire, c'est que j'étais un p'tit gars de Montréal, que j'avais grandi en admirant le Canadien, mais la plupart des gens n'étaient pas au courant. J'étais devenu l'ennemi numéro un du Canadien !

Dans les plans de match, c'était la défense de Lemaire contre l'attaque de Bergeron.

Le plan de match de Lemaire était plutôt simple : c'était Guy Carbonneau contre Peter Stastny. On dit qu'il a inventé le système de la trappe au New Jersey, mais c'est faux, le Canadien pratiquait déjà la trappe à l'époque. C'était évident. Charles Thiffault et moi, on axait tous nos entraînements là-dessus, tenter de déjouer cette trappe. Les problèmes entre Guy Lafleur et Lemaire ont pris naissance à cause de cette trappe. Lemaire aimait employer quatre trios et il avait des instructions précises pour chacun de ses joueurs. Guy se fiait plutôt à son instinct et il ne suivait pas tellement les instructions de ses entraîneurs.

Carbonneau remplit son rôle à merveille contre Stastny. Le Canadien mène la série 3 à 2. Le sixième match a lieu au Forum. Un Vendredi saint. La haine a atteint son paroxysme. Une seule étincelle pourrait mettre le feu aux poudres…

Je ne me rappelle pas qu'il régnait une ambiance particulière dans le vestiaire avant ce match. Difficile de prédire que ça allait exploser ce soir-là, parce que ça pouvait exploser chaque soir. Et même, le match avait été tranquillle jusqu'à la fin de la deuxième période. On menait 2 à 0, pas une seule bagarre, et puis pouf...

Je n'ai rien vu venir comme tel. Nilan a frappé Randy Moller par-derrière, puis ça a été l'escalade. Il y avait tellement de frustrations accumulées que tout le monde a décidé de régler ses comptes. Mario Tremblay était dans les bras de Peter et il lui a cassé le nez. Est-ce que l'ordre venait de l'entraîneur? Quand Mario est passé près de Lemaire, je ne suis pas convaincu qu'il ne lui a pas fait un clin d'œil en voulant dire : « Envoye donc, 'stie, profites-en. » Je ne le saurai jamais. Tout le monde avait jeté les gants, ça ne finissait plus, mais ça s'est calmé quand Sleigher a couché Hamel avec une gauche.

Les deux clubs s'en vont au vestiaire. Le pire allait venir par la suite...

Malgré la mêlée générale, c'était très calme dans notre vestiaire. Les gars se reposaient, ils se parlaient entre eux comme si de rien n'était. C'est toujours comme ça après les grosses bagarres. Je me rappelle des mêlées générales épouvantables chez les *juniors*. Quand j'entrais dans le vestiaire, on aurait entendu une mouche voler. Donc ça ne criait pas, personne n'était enragé, on léchait ses plaies. Stastny avait mal au nez, mais il ne savait pas encore qu'il était cassé. Hunter avait des marques partout.

Je me suis ensuite rendu dans le vestiaire des arbitres pour essayer de voir ce qui allait se passer, qui allait être expulsé. L'arbitre Bruce Hood m'a dit

LE DÉBUT D'UNE GRANDE RIVALITÉ

d'envoyer mes joueurs sur la patinoire. Grave erreur. Quand l'annonceur maison (curieusement, ce n'était pas Claude Mouton ce soir-là) a nommé ceux qui étaient expulsés, la mêlée générale a repris. Richard Sévigny a été le premier à sauter dans le tas et il a essayé de s'en prendre à Hunter. Les gars qui avaient été chassés du match n'avaient plus rien à perdre, alors ils ont réglé leurs comptes pour de bon ! Et c'est là que ça s'est vraiment envenimé.

Je ne comprends pas encore pourquoi on a permis aux joueurs expulsés de se présenter sur la glace. On a blâmé Hood pour tout ça. Il n'a plus jamais arbitré un match des séries et on l'a congédié l'année suivante, mais ce n'était pas sa faute. Quand je me suis pointé dans son vestiaire, après la deuxième période, il y avait environ 56 officiels autour de lui qui faisaient des recommandations. Hood était pris pour écouter un peu tout le monde et je suis convaincu qu'il ne s'agissait pas de sa décision.

Pendant les hostilités, Mario Tremblay est passé devant moi, enragé :

— Ça te tente-tu, Bergeron ?

— Je peux pas, Mario, j'ai oublié mes patins…

Il a continué à gueuler, mais je n'étais quand même pas pour sauter sur la patinoire. On se criait des noms. C'était juste bon pour le spectacle. Je me souviendrai toujours que, quelques années plus tard, un 31 décembre, je sortais du Forum avec ma femme et je m'en allais chez ma mère pour le réveillon. On est arrivés face à face avec Mario et sa femme Colette au coin d'Atwater pis de Maisonneuve. On s'est regardés tous les deux, mais nos femmes étaient là et on ne savait pas trop quoi se dire. Je me suis dirigé vers lui et je lui ai offert mes meilleurs vœux. Lui aussi. Malgré toutes nos disputes, il y avait une forme de respect. On n'était tout de même pas pour se battre comme des chiens en plein centre-ville…

Revenons au match. En troisième période, avec des équipes démunies de presque la moitié de leurs effectifs, les Nordiques s'écroulent. Deux buts de Shutt provoquent l'égalité et Rick Green marque le but gagnant. Le Canadien l'emporte finalement 5 à 2 et élimine Québec en six matchs.

Quand on a pris l'autobus en direction de Québec immédiatement après la rencontre, je crois qu'on n'était pas encore conscients de l'ampleur de ces deux mêlées générales. On savait que ça n'avait pas été très édifiant, mais bon, on pensait davantage à notre défaite. Et pour être honnête, ce n'était pas la première mêlée générale dans mon cas. J'en avais vu des tonnes en six ans chez les *juniors* pis celle du Vendredi saint, c'était loin d'être la pire! Je ne me serais jamais douté à ce moment que les gens m'en reparleraient si longtemps.

Qui donc, quand même, est responsable de cette foire qui fait encore jaser aujourd'hui?

C'est une accumulation de haine. Il y avait une douzaine de francophones d'un côté comme de l'autre. Chaque francophone partageait ça avec les anglophones

LE DÉBUT D'UNE GRANDE RIVALITÉ

de l'équipe. Les Stastny vivaient la rivalité aussi intensément que Naslund avec le Canadien. C'est quand même devenu la plus belle rivalité de l'histoire du sport. Les Rangers et les Devils, à New York, c'est de la petite bière à côté de ce qu'on a vécu. C'est nous, les Québécois, qui avons bâti ça de toutes pièces. C'était Molson contre O'Keefe, Montréal contre Québec.

On se servira de la rivalité entre Jacques Lemaire et Michel Bergeron pour faire de la pub. La compagnie Coca-Cola approche les deux hommes pour tourner une publicité télévisée.

Quand mon agent, Pierre Lacroix, m'a parlé du projet, j'ai d'abord refusé. Il n'était pas question que je fasse un commercial avec Lemaire. On était encore au cœur de la rivalité. Puis Coca-Cola a commencé à parler affaires. Le contrat pouvait difficilement se refuser.

Le tournage durait une journée. La scène se passait à un comptoir où on nous faisait boire du Coke Diète. On a été convoqués à six heures du matin. Quand je l'ai vu, j'ai juste été poli :

— Salut. Ça va ?
— Oui. Toi ?
— Ça va.
— Qu'est-ce que tu fais de bon ?
— Je joue au golf. Toi ?
— Je fais du bateau.

On ne s'est pas reparlé de la journée Et pourtant, on a été filmés pendant 15 heures un à côté de l'autre…

On commençait à en avoir assez après cinq, six heures. Et là, les gars de Coke Diète nous demandaient de nous approcher. Ils voulaient qu'on soit collés.

À un moment donné, j'ai répondu au réalisateur :

— Coudonc, veux-tu que j'aille boire dans son verre?

Lemaire est parti à rire.

On a répété la même scène au moins 700 fois pendant les 15 heures, pis finalement je crois qu'ils ont choisi la première prise...

Les gens pensaient que c'était un jeu, mais je n'avais vraiment aucune envie de lui parler. Et on ne s'est pas parlé. On ne s'est jamais reparlé avant qu'il quitte le Canadien en 1985, quand Perron l'a remplacé.

Lemaire et Bergeron ne resteront pas ennemis éternellement...

Après avoir été nommé entraîneur des Rangers en 1987, j'ai participé à mon tournoi de golf à Lorraine avec Richard Morency. À un moment donné, Tom Martel, qui travaillait pour la brasserie O'Keefe à l'époque, m'a dit que Jacques Lemaire voulait me voir. Je lui ai dit : « Oui, oui, Tom, est bonne! » et je suis parti à rire.

— Non, Michel, je fais pas de blagues, il est vraiment en bas, dans le hall, avec le président de CFGL, Jacques Boiteau. Il veut te voir.

Je descends. Lemaire est là!

— Je passais dans le coin. Je voulais juste te souhaiter bonne chance à New York...

LE DÉBUT D'UNE GRANDE RIVALITÉ

J'étais surpris.

— T'es vraiment gentil. Je t'ai jamais vu sous cet angle-là…

C'était la première fois de notre vie qu'on jasait de façon civilisée. On conservera une bonne relation par la suite.

Même s'ils étaient rivaux, Maurice Filion et Serge Savard ont déjà discuté transactions. L'un de ces échanges, s'il s'était matérialisé, aurait longtemps fait jaser le Québec sportif…

Croyez-le ou non, Michel Goulet et Mario Tremblay étaient impliqués. Maurice et Serge en ont discuté pour vrai. Ça n'a jamais été rendu public. Le Canadien nous donnait Mario Tremblay et Pierre Mondou en retour de Goulet. On ne voulait pas échanger Goulet, c'était notre gros marqueur de buts, mais c'est toujours lui que Savard exigeait quand on s'informait de la possibilité d'acquérir Mario. Le problème, c'est que j'aurais souhaité faire jouer Tremblay avec Goulet et Hunter. Ces trois-là, je les ai toujours vus ensemble !

Je n'ose pas imaginer les manchettes avec un pareil échange. Juste en comparaison, quand le Canadien a réclamé Jean Hamel de notre liste de joueurs non protégés, ça avait fait toute une histoire. Alors, Tremblay pour Goulet…

Avoir Mario, ça nous aurait aussi enlevé une épine dans le pied. Il dérangeait énormément. Il déconcentrait notre gardien Daniel Bouchard en le narguant avec ses croyances religieuses. Il me défiait constamment sur le banc. J'étais obligé d'envoyer le défenseur Pat Price à ses trousses. Price était un anglophone, mais il comprenait très bien le sens de la rivalité entre nos deux équipes. Il avait même appris le français assez rapidement. Il n'était pas un grand bagarreur, mais il pouvait s'en tirer contre Mario. Et les deux se battaient continuellement.

Chaque équipe a besoin d'un Pat Price, un vif compétiteur. Je voulais qu'il calme Mario sur la glace parce que celui-ci pouvait faire se soulever la foule. Je disais : « Pat, arrange-toi pour que la foule lève pas… » Mario m'avait accusé d'envoyer Pat le battre parce qu'une fois j'avais crié à Price, du banc : « *Get him!* » alors que Mario avait la rondelle le long de la bande. De fausses accusations ? Pas vraiment, parce que Mario était la bougie d'allumage contre les Nordiques…

Ce Price nous a fait vivre toute une aventure à l'extérieur de la glace. Nous étions dans un hôtel de Detroit et on s'est fait réveiller en pleine nuit par un chahut à l'étage des joueurs. J'ai alors vu Pat Price, en crise, avec son *roommate* Basil McRae. Il criait qu'il avait mal à la tête, il voulait qu'on appelle l'ambulance. McRae, qui était pourtant un gros bonhomme, avait peur. Price grimpait dans les rideaux, il voulait se jeter par la fenêtre. Nous étions au 18e…

On apprendra plus tard qu'il a été atteint d'un mystérieux virus. Il a été hospitalisé une semaine à Detroit, et il a été absent un mois. Et moi qui croyais que c'était l'alcool…

LE DÉBUT D'UNE GRANDE RIVALITÉ

Au fil des années, Michel Bergeron se dénichera un nouvel adjoint, l'ancien illustre défenseur du Canadien, Guy Lapointe.

Charles Thiffault nous avait quittés pour un an. Guy était en fin de carrière avec les Bruins de Boston. J'aimais bien sa joie de vivre.

Il avait de bonnes connaissances. Je me souviendrai toujours de sa première présence derrière notre banc : il était complètement figé.

— Qu'est-ce que t'as, Guy ? T'es malade ?

— Non, ça va trop vite…

Il avait joué environ 20 ans dans la Ligue nationale, mais derrière le banc ça allait trop vite pour lui… Il s'est vite ajusté, par contre. Guy Carbonneau a vécu la même chose à ses débuts derrière le banc du Canadien.

Le problème avec Guy, c'est qu'il fallait toujours le surveiller. Quel joueur de tours… il n'arrêtait pas. C'était la salière au complet qu'il mettait dans ta soupe ! Une fois, Simon Nolet lui a lancé sa soupe par la tête ! Il y avait du sel dans le café, de l'eau sur le banc quand on venait pour s'asseoir ; il mettait du ketchup dans les souliers, de la vaseline dans les patins ou sur les poignées de porte. À un moment donné, je me suis tanné : « Écoute, Guy, une fois de temps en temps, c'est correct, mais chaque jour, c'est moins l'*fun*… »

Le pire, c'est qu'il jouait des tours à tout le monde… même à sa femme Louise ! Je me rappelle, lors une réception des Nordiques, Jeanne D'Arc Thiffault était allée à la salle de bains et il en avait profité pour verser un verre d'eau sur sa chaise. Quand elle s'est assise, l'arrière de son chic tailleur était complè-tement mouillé. Elle était en furie...

Quand le Canadien était en ville, il allait couper les lacets des patins de Jacques Laperrière. Ça détendait l'atmosphère. Les joueurs l'appréciaient, et il s'occupait bien de nos défenseurs. En 1987, quand on a éliminé le Canadien des séries éliminatoires dans un match décisif, en prolongation, il a serré Charles Thiffault tellement fort dans ses bras qu'il lui a cassé deux côtes!

Automne 1986. Les Nordiques sont à Pittsburgh. Dans sa chambre, à l'hôtel, Michel Bergeron se lève et tombe presque immédiatement. Un cauchemar commence...

Je marchais dans ma chambre et j'ai eu des problèmes de vision. Je voyais double. Je n'y comprenais rien. Je me disais que ça devait être la fatigue. J'ai rencontré Charles et Simon dans le *coffee shop* et je leur ai dit que je voyais double. Ils se sont mis à rire. Je me suis rendu à l'aréna pour la pratique et, sur la patinoire, je voyais deux rondelles. Évidemment, j'essayais de récupérer la mauvaise et je passais dans le beurre. Je me suis tourné vers Simon :

— Tu vas coacher à soir, je serai jamais capable.

— Quoi?

— Je file pas, il faut que je parte. Je m'en vais me coucher à l'hôtel. Tu vas coacher à soir.

De retour à l'hôtel, j'ai essayé de dormir : pas capable! J'ouvrais les yeux, je voyais encore double. Avant le match, j'ai consulté le médecin des Penguins. Il ne savait pas ce que j'avais. J'ai assisté au match dans la galerie de presse, pendant que Simon s'occupait de l'équipe derrière le banc. J'étais très préoccupé parce que c'était le premier match de ma vie que je ratais à cause d'une maladie. Et je n'ai rien expliqué aux *boys*, je ne savais pas moi-même ce qui m'arrivait.

Le lendemain, je me suis dirigé tout droit chez le réputé neurologue de Québec, Michel Drolet. Il a d'abord cru que c'était un virus, une encéphalite virale. J'ai passé une batterie de tests, et il m'a prévenu que ça pourrait être la sclérose en plaques. J'étais complètement assommé! Marcel Aubut a montré beaucoup de classe et il m'a envoyé au Minnesota dans une clinique spécialisée, Mayo, en compagnie du médecin de l'équipe, Pierre Beauchemin. Je me rappellerai toujours mon départ pour la clinique Mayo. Michèle m'a reconduit à l'aéroport et on a pleuré pendant des minutes et des minutes dans l'auto avant que je parte. Je partais vraiment vers l'inconnu.

Au Minnesota, après une multitude d'examens, je voyais toujours double et on ne trouvait rien.

De retour à Québec, un autre médecin a parlé de la possibilité que je souffre de la sclérose en plaques, mais on n'en était pas convaincu. Pendant ce temps, les Nordiques avaient un calendrier à respecter et je venais de rater les cinq derniers matchs!

Un ophtalmologiste m'a alors posé un prisme dans une paire de lunettes pour m'empêcher de voir double. Il m'a dit :

— Quand tu verras double avec ces lunettes, c'est que ta vue sera revenue à la normale.

La vue était corrigée avec mes nouvelles lunettes, mais j'étais toujours faible. Quelques jours plus tard, enfin, j'ai commencé à voir double. J'ai enlevé les lunettes et, avec Michèle et Karine, on s'est rendus à la hâte au Colisée. J'ai fait allumer les lumières par le gardien de sécurité, j'ai enfilé mes patins et j'ai commencé à shooter des rondelles. Dieu merci, je voyais enfin une seule rondelle...

J'étais impatient de revenir derrière le banc. On venait d'en perdre une couple de suite et Simon avait eu des mauvaises critiques de quelques journalistes. J'ai dit à notre secrétaire : « Trouve-moi un vol pour Buffalo, je coache demain soir ! » J'ai annoncé la nouvelle à Maurice Filion. Je suis parti, complètement épuisé, brûlé. Les Nordiques, c'était ma vie. J'aurais pu mourir derrière le banc, j'aurais trouvé ça extraordinaire.

Le voyage n'a pas été de tout repos. Loin de là ! Je faisais Québec-Toronto en avion mais, à Toronto, il y avait une tempête de neige incroyable. J'ai été obligé de faire Toronto-Buffalo en limousine. Dans la tempête ! C'était déjà l'après-midi et je priais pour que le chauffeur arrive à temps pour le match ! Finalement, la limousine m'a déposé à Buffalo à peine une heure avant la rencontre. J'étais vidé, complètement vidé...

Je me disais : « C'est pas grave ! Les Nordiques, je leur dois ça, parce qu'eux autres, ils vont prendre soin de moi toute ma vie. » On ne choisit pas ses matchs. Celui-là, ça a probablement été le pire de ma carrière au chapitre de la violence. Pire encore que le Vendredi saint. Ça s'était battu comme des chiens. On avait Donnelly, MacRae, mais les Sabres aussi avaient des *toughs*. Le match a duré une éternité. À la fin de la *game*, j'ai fait venir le médecin des Sabres à mon bureau.

LE DÉBUT D'UNE GRANDE RIVALITÉ

J'étais tellement mort que je croyais ne jamais m'en remettre. Mais c'était correct, j'étais simplement épuisé. Je n'aurais jamais dû me rendre à Buffalo, les médecins me disaient que c'était de la folie. Heureusement, ça s'est replacé après quelques jours. J'ai compris, quelques mois plus tard, que je n'aurais jamais dû prendre tous ces risques pour les Nordiques, qui, finalement, tenaient moins à moi que je le croyais.

Quelques mois plus tard, justement, Marcel Aubut organise un événement grandiose à Québec, Rendez-Vous 87, une compétition de deux matchs entre les meilleurs joueurs de la Ligue nationale et ceux de la Russie.

Cette année-là a vraiment été difficile, non seulement pour moi mais aussi pour l'équipe. Marcel avait mobilisé tout le monde au sein de l'organisation pour Rendez-Vous 87. Beaucoup d'employés étaient exténués et la tension était palpable dans les bureaux. Tout le monde était à prendre avec des pincettes, et on se chicanait souvent.

Une des sources de conflits a été ma participation à ce tournoi. Marcel Aubut et Jean D. Legault, le directeur marketing et communications de l'équipe, voulaient que j'accepte l'offre d'être l'entraîneur adjoint de Jean Perron avec l'équipe canadienne. Perron et Serge Savard dirigeaient l'équipe en vertu de leur coupe Stanley remportée l'année précédente. Maurice Filion ne voulait pas que j'y prenne part, entre autres parce que c'est le Canadien qui menait les opérations. Maurice ne voulait pas qu'on s'y associe de trop près.

Mais le tournoi se passait à Québec, je voyais ça comme une belle expérience personnelle et je me sentais bien remis de ma maladie.

Je me suis assis avec Charles Thiffault, on a pesé le pour et le contre, et il y avait environ trois fois plus de pour que de contre. J'ai accepté. Je ne m'en pétais pas les bretelles, cependant. Je savais que j'avais été choisi uniquement parce que l'événement se passait à Québec et que je dirigeais les Nordiques. C'est Bob Johnson des Flames qui était l'autre adjoint, parce que son équipe avait atteint la finale de la coupe Stanley.

Je n'ai jamais regretté l'expérience. Nous avions toute une équipe : Mario Lemieux, Wayne Gretzky, Michel Goulet, Mark Messier… J'ai appris à découvrir la classe de Gretzky. J'ai vu qu'il n'y avait pas de mal à être un grand athlète et gentil à la fois. Gretzky a été parfait à l'extérieur de la patinoire, toujours l'un des premiers à arriver aux *meetings*, affable, attentif, généreux.

J'étais en charge des défenseurs et je ne me suis pas fait d'amis. Mike Ramsay ne me pardonnera jamais de l'avoir laissé poireauter sur le banc. Mais il était trop lent. Aujourd'hui, Ramsay est entraîneur adjoint avec le Wild du Minnesota et il ne me regarde toujours pas quand il me croise. Je lui avais préféré Normand Rochefort…

J'ai beaucoup vibré pendant le tournoi mais, comme je le disais, l'événement a perturbé la saison des Nordiques. Des employés ont été malades parce qu'ils avaient trop travaillé. Je pense entre autres à Bernard Brisset. Il était complètement vidé. Les secrétaires dans les bureaux étaient épuisées. C'était épouvantable à quel point elles travaillaient. Ce n'était pas seulement le hockey, mais les spectacles qui entouraient l'événement, les préparatifs... même le Temple de la renommée avait déménagé à Québec!

Il y a eu des frictions entre Maurice et moi par la suite. Je ne l'ai pas écouté dans cette affaire et il l'a peut-être pris comme un affront. C'était pas le cas parce que j'avais tellement de respect pour lui, mais je voulais absolument être là.

Michel Bergeron ne le sait pas encore, mais il en est à ses dernières semaines avec les Nordiques...

Quelque temps après Rendez-Vous 87, l'équipe était plongée dans une profonde léthargie. On ne gagnait plus. Le matin d'un match contre les Whalers de Hartford, Maurice est venu me voir à mon bureau. Cette histoire-là, je la raconte, mais très peu de gens sont au courant. Maurice est entré dans le bureau. Il avait l'air triste. Vraiment triste. Il a été assez direct :

— Je m'excuse, Michel mais, si on ne gagne pas à soir, je suis obligé de te congédier...

J'étais en état de choc. Presque plus triste pour lui que pour moi. Il avait l'air complètement dévasté d'avoir à m'annoncer une telle nouvelle.

Quand Maurice est parti, je suis allé voir immédiatement Charles Thiffault et Guy Lapointe, et je leur ai expliqué la situation. Avant de quitter le Colisée pour rentrer à la maison, j'ai téléphoné à Pierre Lacroix, à Montréal. Il m'a dit : « Je descends immédiatement à Québec! »

Quand je suis entré dans la maison, Michèle m'a demandé ce que je voulais manger pour dîner.

— Je ne mange pas ce midi. Je coache le match le plus important de ma vie à soir.

— Quoi? Contre les Whalers de Hartford?

— Si on gagne pas, je suis dehors…

— Je rêve ou quoi? Ils ont pas le droit de te faire ça. Pas après sept ans!

— C'est la loi du sport et c'est comme ça. Maurice m'a vraiment paru triste…

J'étais pas mal nerveux quand le match a commencé. Nerveux comme je ne l'avais pas été depuis longtemps. Je ne l'avais pas laissé paraître dans mon discours d'avant-match. Je ne voulais pas que les gars sentent que j'étais émotif. Je leur ai parlé clair, court et précis. J'agissais comme si c'était un match ordinaire. Ce que je ne savais pas, c'est que les joueurs étaient au courant de la situation. Charles les avait tous prévenus avant la rencontre. C'est là qu'on voit que les adjoints peuvent aussi être nos grands amis.

On a gagné 4 à 2 et, le plus extraordinaire, c'est que Normand Rochefort et Jean-François Sauvé, des gars que j'avais dirigés à Trois-Rivières chez les *juniors*, ont compté tous les deux. Ils ont tout donné ce soir-là. C'est dans ces moments-là qu'on voit que les joueurs ne veulent pas nécessairement toujours la tête de leur entraîneur. Ils auraient pu ralentir consciemment pour se débarrasser de moi. Stastny, Goulet et Hunter aussi ont joué tout un match. Je n'oublierai jamais cette soirée.

Après la rencontre, il y avait beaucoup d'émotion dans l'air. J'ai rencontré la presse, mais je ne pouvais pas

LE DÉBUT D'UNE GRANDE RIVALITÉ

leur dévoiler les véritables enjeux de la partie. Ma femme est arrivée rapidement à mon bureau et j'ai demandé à mes adjoints de nous laisser seuls. Pendant ce temps, Pierre et Maurice discutaient dans le bureau de Filion. Probablement très heureux du dénouement de la situation. Quand ils sont venus me rejoindre, on a éclaté. On pleurait comme des veaux. C'était vraiment très émotif.

À un moment donné, je me suis adressé à Maurice :
— J'ai gagné, Maurice. Je garde ma job ? Comment ça marche, maintenant ? Est-ce que tu me mets à la porte à notre prochaine défaite ? Pis, si on avait annulé, est-ce qu'on aurait joué ça à pile ou face ?

Il a pris un air sévère :
— Parle-moi plus jamais de ça ! Jamais je ne te ferai revivre ça !

J'ai toujours pensé qu'il y avait du Marcel Aubut derrière tout ça. Je ne peux pas le confirmer, je n'ai même pas cherché à savoir. Maurice, toutefois, on voyait que ça le rongeait de m'imposer ça. Je ne lui ai jamais demandé si c'était de lui ou si ça venait d'Aubut.

Marcel, lui, était au Japon cette semaine-là. J'apprendrai plus tard que mon remplaçant se trouvait dans la galerie de la presse du Colisée le soir du match contre les Whalers !

Il s'agissait de George Armstrong, l'ancien joueur des Maple Leafs, qui agissait désormais comme dépisteur. Armstrong me l'a confirmé l'été suivant au cours d'un tournoi de golf. Il semblait mal à l'aise quand il m'a croisé.

— Tu sais, Michel, il faut absolument que je te le dise… C'est moi qui allais être nommé à ta place si tu perdais. On m'avait fait venir au Colisée pour cette raison.

On m'a aussi dit que le communiqué de presse annonçant mon congédiement était prêt. Bernard Brisset m'a toujours juré le contraire. Je ne le saurai jamais…

La situation s'est redressée, au point où on a éliminé les champions de notre division, ces mêmes Whalers de Hartford, en première ronde des séries éliminatoires.

On s'est retrouvés contre le Canadien. Au sixième match, au Forum, le Canadien menait la série trois rencontres à deux. On faisait face à l'élimination.

C'était l'égalité 2 à 2 avec quelques minutes à faire dans la partie. Alain Côté, qui n'a pas la réputation d'être un marqueur mais qui a toujours été au plus fort de cette rivalité, a compté un but dramatique face à Brian Hayward. C'était l'euphorie sur le banc. Soudainement, l'arbitre Kerry Fraser, qui était éloigné du jeu, a fait aller ses bras pour signifier qu'il n'y avait pas de but. J'étais en état de choc total.

Fraser n'osait pas s'approcher de notre banc. Personne ne comprenait ce qui se passait. Un de nos joueurs est allé voir Fraser, qui lui a expliqué que notre attaquant Paul Gillis avait causé de l'obstruction envers le gardien. Pourtant, il avait été clairement bousculé par Mats Naslund. Malheureusement, à l'époque, les reprises vidéo n'existaient pas.

Quelques instants plus tard, le Canadien comptait et nous éliminait. Après la défaite, j'ai cherché à joindre

Kerry Fraser, en vain. Tout le monde nous a donné raison par la suite. Il avait commis une gaffe épouvantable. Fraser, d'ailleurs, n'a pas travaillé dans la Ligue nationale la saison suivante…

Dans les jours qui ont suivi notre élimination, j'ai remis beaucoup de choses en question. L'épisode du match contre les Whalers avait laissé des traces. Cette histoire de sclérose en plaques, finalement, ne m'aura pas aidé non plus. Cet hiver-là, j'avais voulu être honnête envers Maurice Filion, je lui avais dit qu'il devrait peut-être songer à me trouver un remplaçant si jamais j'étais bel et bien affecté de cette maladie.

Ce n'était pas la sclérose en plaques mais, quand des rumeurs de congédiement ont fait surface, Réjean Tremblay, dans *La Presse*, a cité une source anonyme qui mentionnait que j'étais malade et qu'il faudrait peut-être me remplacer. Sa source, c'était Marcel Aubut, bien évidemment. Ça m'a fait très mal.

Alors, si on remet tout ça dans le contexte, la décision était facile à prendre. J'adorais les Nordiques, je venais de leur donner sept années de ma vie, mais je ne me sentais plus désiré.

En plus, les Flyers cherchaient un entraîneur, les Rangers, et même les Kings de Los Angeles… Il y avait quatre ou cinq équipes possibles dans le portrait, et je connaissais beaucoup de directeurs généraux. Les Rangers me faisaient de l'œil. Joe Bucchino, l'adjoint de Phil Esposito, le directeur général des Rangers, me faisait des gros clins d'œil. Lors du repêchage, à Detroit, en juin 1987, Esposito a demandé à Maurice la permission de discuter avec moi.

Après le repêchage, Maurice m'a donné 48 heures pour négocier avec New York. Je me rappelle que j'étais un peu sonné. De grands changements s'annonçaient dans ma vie et, en plus, on venait d'échanger un joueur que j'adorais, Dale Hunter. Je ne veux pas me défiler, parce que j'étais encore un membre à part entière des Nordiques quand la décision de l'échanger a été prise, même si je savais mes jours comptés avec l'équipe. Hunter avait été blessé gravement à une cheville et tout le monde croyait qu'il s'en remettrait difficilement. La transaction nous a quand même permis de repêcher Joe Sakic. Dale, l'âme de cette équipe pendant sept ans, nous en a toujours voulu.

Revenons à mon cas. Tout s'est passé tellement vite à partir de la fin de ce repêchage. Le lendemain, je suis parti pour New York avec Pierre Lacroix. Nous avions 48 heures pour négocier avec les Rangers, sinon les Nordiques gardaient mes droits. Dans l'avion, Pierre m'a dit : « Tu as dirigé ton dernier match avec les Nordiques. » J'ai assisté alors pour la première fois aux négociations me concernant. Pierre et moi, nous n'étions pas unis par contrat. On était les meilleurs amis du monde, on n'avait pas besoin de ça. Des fois, je le payais ; des fois, je ne le payais pas. Dans ces négociations avec les Rangers, j'ai vu comment il travaillait…

Dans la pièce, il y avait Phil Esposito, Jack Diller et Dick Evans, le président des Rangers. À un moment donné, Evans a quitté la salle, visiblement de mauvaise humeur. Je n'étais pas convaincu qu'il s'agissait nécessairement d'une très bonne chose. Pierre m'a chuchoté de rester calme. Je me voyais déjà rentrer à Québec les mains vides. Pierre savait ce qu'il faisait. Esposito a demandé une pause pour pouvoir discuter avec Diller, le vice-président, en privé.

Pierre m'a glissé à l'oreille : « Je pense que c'est réglé. » J'avoue que Pierre m'impressionnait drôlement dans ses négociations.

Quand ils sont revenus, ils m'ont offert un contrat de trois ans. Je devenais le *coach* le mieux payé de la Ligue nationale avec Jacques Demers et Mike Keenan. Je n'en revenais pas…

Les Rangers se sont rapidement entendus avec les Nordiques, et ils leur ont offert un premier choix au repêchage. Un premier choix au repêchage contre un entraîneur, j'avais rarement vu ça…

Il me restait cependant une étape importante à franchir avant d'être embauché officiellement par les Rangers. Il fallait que je passe un examen médical. J'ai passé cet examen plutôt nerveusement, en me demandant si j'avais la sclérose en plaques ou non. Tout ça en 48 heures ! L'affaire s'est bien déroulée finalement.

Avant que je quitte Québec de façon définitive, Marcel Aubut m'a demandé s'il pouvait faire quelque chose pour m'aider. J'ai dit : « Oui, Marcel, tu serais gentil d'acheter ma maison puis de la revendre toi-même. Ça éviterait bien des tracas à ma femme parce qu'elle doit déjà s'occuper d'en acheter une autre à New York. » Marcel m'a dit qu'il n'y avait pas de problème, et il m'a demandé combien elle valait. Je lui ai répondu : « Environ 100 000 $. » Finalement, mon voisin de gauche, quand il a appris mon départ, m'a offert 10 000 $ de plus pour la maison. J'ai rappelé Marcel pour lui dire d'oublier ça.

Quelques jours plus tard, j'ai mis la main sur le contrat qui avait été signé entre les Rangers et les Nordiques. En plus d'un premier choix au repêchage, Marcel avait obtenu un montant de 100 000 $ dans l'échange !

J'ai croisé Marcel quelques mois plus tard et je lui ai posé la question : « Les 100 000 $ que t'as obtenus des Rangers, c'était pourquoi ? Je pensais que tu me les donnerais, que c'était pour moi. » Il a esquissé un petit sourire, il ne savait pas trop quoi répondre…

Quand je suis parti de Québec, j'ai suivi un trajet qui me faisait revivre tout ce que j'avais vécu. Je me suis arrêté à Trois-Rivières pour saluer les amis, et ensuite je suis allé à Montréal voir ma mère, ma sœur et mes frères. C'est juste après ces visites qu'on est partis pour New York. Le camion de déménagement nous suivait et, dans l'auto, les enfants pleuraient. Ma femme aussi. Moi-même, j'avais le cœur gros aussi parce que je laissais Anick, la fille de mon premier mariage, derrière moi à Montréal. C'était comme si une vie venait de prendre fin.

Quelques jours après le déménagement aux États-Unis, on est passés devant un concessionnaire d'automobiles : New Rochelle Cadillac. J'avais la barbe longue, j'étais habillé tout croche et j'ai dit à ma femme que je voulais voir les Cadillac.

Je venais d'avoir une illumination. Je me souvenais que mon père, une fois, quand j'étais adolescent, allait reconduire son patron à l'église et venait nous faire faire un tour à ma sœur et à mes frères dans la Cadillac blanche. Je m'étais toujours dit depuis ce temps que j'aurais un jour ma Cadillac blanche.

LE DÉBUT D'UNE GRANDE RIVALITÉ

Drôle de coïncidence, j'avais vendu mes autos avant de quitter le Québec parce que j'allais travailler aux États-Unis. Je suis entré dans le *showroom* avec ma mère, ma femme et ma fille. Il y avait deux Cadillac, une blanche et une bleue. Blanche avec un *top* bleu…

J'ai demandé à ma mère, à Michèle et à Karine laquelle elles préféraient. Elles ont toutes répondu que c'était la blanche. Je suis allé voir le vendeur et je lui ai dit, avec mon accent québécois : « Je veux avoir cette Cadillac-là prête demain matin à neuf heures ! » Il m'a regardé d'une drôle de façon mais il m'a dit que c'était correct. Je lui ai répété : « Oublie pas, je vais être là à neuf heures pile ! »

J'arrive le lendemain, il est neuf heures moins quart. Cette fois, je suis bien arrangé, le veston, la cravate et tout le *kit* parce que j'ai un *meeting* avec Esposito un peu plus tard. Je vois mon gars :

— La Cadillac est-tu prête ?
— Hein ?
— Ma Cadillac blanche !
— S'cuse, je t'avais pas pris au sérieux hier…

Là, j'étais pas de bonne humeur :

— Toé, c'est fini ! Tu ne me vendras plus jamais de char !

Je suis allé chercher le plus jeune vendeur de New Rochelle Cadillac. Je lui ai dit : « C'est toi qui vas me vendre la Cadillac. »

L'autre est resté dans le coin. J'ai fait exprès aussi pour dire au jeune que j'étais le nouvel entraîneur des Rangers de New York. Comme quoi l'habit fait pas le moine. L'autre vendeur, c'est sûr qu'il va se rappeler ça.

J'ai toujours répété après, dans des conférences, qu'il ne fallait jamais se fier à l'habillement. Tu sais jamais. Si vous ne le prenez pas au sérieux, l'autre en profite. Ça a été mon premier contact avec New York…

Un autre épisode, quelques jours après son arrivée dans la Big Apple, *viendra lui rappeler qu'il est bien loin du Québec…*

Un jour, j'étais avec la famille et des amis dans un restaurant à New York. J'ai décidé sur un coup de tête de leur faire visiter mon bureau au Madison Square Garden. Ce n'était pas mon bureau comme tel parce que je le partageais avec Rick Pittino, l'entraîneur des Knicks au basket-ball. Et quand on ne jouait pas à domicile, c'était la World Wrestling Federation (WWF) qui empruntait la pièce. On ne laissait rien dans nos bureaux. On était bien loin de Trois-Rivières et de Québec !

Toujours est-il qu'à notre arrivée à l'entrée des employés du Madison Square Garden, avec toute la gang derrière moi, un gros gardien de sécurité noir nous interpelle sur un ton autoritaire :

— *Can I help you, sir?*
— *Hi! I'm Michel Bergeron, the new head coach of the New York Rangers!*

Le gars me regarde avec dédain.

— *Yeah? And I'm God…*

Il n'a sans doute pas vu mon visage dans les journaux et là-bas, de toute façon, ils n'en ont que pour le basket-ball, le baseball et le football. Il ne voulait rien savoir de nous laisser entrer. La famille et les amis se

LE DÉBUT D'UNE GRANDE RIVALITÉ

demandaient bien quoi faire. Finalement, il a fait venir le chef de la sécurité, l'ancien garde du corps de Mohammed Ali, et lui, il m'a reconnu. On a bien ri. Ça a été mon premier contact avec le Madison Square Garden…

Le Tigre se rappelle très bien son premier match derrière le banc des Rangers.

J'étais nerveux. Très nerveux. On avait un préposé à l'équipement qui s'appelait Jacquot. Un francophone. Il avait roulé sa bosse un peu partout dans la Ligue nationale. Je ne le connaissais que de nom. Le match était vieux de quelques minutes quand Jacquot Cayer m'a remis un petit papier.

C'était signé Phil Esposito, qui écrivait que je devrais faire jouer tel joueur avec un autre. J'ai empoigné Jacquot :

— Fais plus jamais ça ! Parce que sinon, t'es parti, tu travailles plus ici !

Après le match, je suis allé voir Phil.

— Si tu veux me parler, je suis toujours là. Avant le match, entre les périodes, à quatre heures du matin, pas de problème, mais jamais pendant la partie !

Phil a éclaté de rire.

— *Don't worry, Michel…*

Michel Bergeron a adoré New York, même si la petite famille s'est installée en banlieue.

La plupart des joueurs et des entraîneurs des Rangers, au fil des ans, ont habité à Rye, une petite banlieue tranquille située à une quarantaine de minutes de la *Big Apple*. New York est une ville extraordinaire, mais on n'y allait pas souvent, seulement pour les matchs et parfois pour visiter. On ne s'y entraînait même pas, on avait notre complexe sportif à Rye !

L'adaptation n'a cependant pas été facile. Francis, Sophie et Karine ne parlaient pas anglais et ils ont sué pas mal à l'école au début. Michèle allait reconduire Karine en classe dans un sombre sous-sol d'une vieille école. Ma femme est rentrée à la maison en pleurant ce matin-là. Karine avait neuf ans et, quand elle rentrait le soir avec sa boîte à lunch, elle disait n'avoir rien compris de la journée. Puis finalement, au temps des fêtes, on l'a surprise au téléphone ; elle parlait anglais avec une amie… sans accent ! La petite snoreaude, elle ne voulait pas parler anglais devant nous !

Ce que j'ai trouvé différent avec les Rangers, c'est que je me suis mêlé rapidement aux joueurs. Dès l'été, j'ai commencé à jouer au golf avec les vétérans du club, Marcel Dionne et le gardien John Vanbiesbrouck. On jouait au golf et ensuite on allait rejoindre nos femmes à la piscine. Je n'aurais jamais fait ça à Québec. Même que les gars, des fois, me demandaient de faire l'entraînement plus tôt pour être sur les verts à midi ! Je me suis senti apprécié, aimé ; c'était vraiment le *fun*.

Nous n'avions pas une vilaine équipe. Il y avait beaucoup de joueurs d'expérience : Dionne, Walt Poddubny, James Patrick, Vanbiesbrouck, Lucien

LE DÉBUT D'UNE GRANDE RIVALITÉ

Deblois, Normand Rochefort, Michel Petit, Thomas Sandstrom. Un bon club, mais pas trop rapide. La grosse histoire, cette année-là, ça a été quand j'ai enlevé le titre de capitaine à Ron Greschner, qui était très populaire à New York. Ron était l'époux de la mannequin Carol Alt, qui fréquente aujourd'hui Alexei Yashin. Il était en fin de carrière et il ne jouait plus sur une base régulière. Au milieu de l'année, j'avais nommé Kelly Kisio à sa place et les journaux newyorkais en ont parlé pendant des semaines !

Malgré tout, je restais encore très attaché aux Nordiques. J'appelais Maurice Filion tous les jours. Je téléphonais aussi à Simon Nolet. Je communiquais avec André Savard, qui me remplaçait à titre d'instructeur-chef. Je voulais savoir comment le club allait, comment ça se passait à Québec. Sérieux, après mes pratiques, je m'installais au téléphone et j'appelais tous mes *chums* de la province de Québec. Phil Esposito voyait les comptes de téléphone et il ne la trouvait pas très drôle…

En plus, j'avais mes interventions à CKAC. Ce n'était pas vraiment une entente officielle, mais Richard Morency me téléphonait et j'entrais en ondes. Ça ne m'empêchait pas de parler à Pierre Trudel à CJMS. Mais quand j'avais une nouvelle d'importance, c'est Richard qui la recevait le premier.

La deuxième saison de Bergeron à New York, en 1988-1989, sera fertile en émotions fortes. Le camp d'entraînement a lieu dans sa deuxième ville d'adoption, Trois-Rivières, et un certain Guy Lafleur manifeste le désir de revenir au jeu…

Ce n'était pas évident d'organiser notre camp d'entraînement à Rye parce que côté commodités, ce n'était pas terrible. La patinoire y est minuscule et il n'y a pas d'hôtels dans le coin. Oubliez tout de suite le Madison Square Garden, qui est beaucoup trop achalandé.

L'idée d'organiser le camp à Trois-Rivières me trottait dans la tête depuis un certain temps. Ça n'a pas été trop compliqué de vendre l'idée à Phil. J'ai confié l'organisation du camp à quatre de mes *chums* de l'époque, Fernand Bouchard, Jacques Matteau, Jean-Marie Tancrède et Normand Boissonneault. J'ai dit à Phil de ne pas s'inquiéter, qu'ils s'occuperaient de tout, des hôtels, de transport, tout. J'étais heureux parce que ça me permettait de remettre quelque chose à la ville de Trois-Rivières, qui avait été si bonne pour moi pendant mes six années là.

Pendant qu'on s'affairait aux préparatifs, durant l'été, j'ai reçu un coup de téléphone que je n'attendais pas. C'était Yves Tremblay, l'agent de Guy Lafleur.

— Michel, je te le dis, c'est sérieux, Guy veut effectuer un retour au jeu.

J'étais éberlué.

— Attends un peu, Yves, laisse-moi aller me chercher un café…

Je n'en revenais pas. Guy était quand même à la retraite depuis quatre ans, il était dans le milieu de la trentaine, et personne ne le voyait revenir au jeu. Moi, j'étais complètement débordé par l'organisation du camp d'entraînement à Trois-Rivières, c'était déjà très gros pour moi.

— Écoute, Yves, laisse-moi en parler à Phil et je te rappelle.

J'ai raccroché et j'ai souri. J'avais un bon *feeling*. Richard Morency l'avait vu jouer au cours de l'été dans une ligue de *old timers* et il m'avait dit que Lafleur avait encore sa place dans la Ligue nationale, qu'il était trop fort pour les ligues d'anciens joueurs.

J'en ai parlé à Phil. Il semblait ouvert et il a convoqué un *meeting* avec Guy à New York. C'était en juillet et Guy était dans une forme resplendissante, grâce à son programme d'entraînement de boxeur. À la fin de notre rencontre, à laquelle prenaient également part Yves Tremblay et Georges Guilbeault, Guy sera officiellement invité à notre camp. À lui de prouver qu'il méritait un contrat!

Après le *meeting*, je lui ai fait visiter Rye. On s'est rendus chez Lucien Deblois, qui portait les couleurs des Rangers. Je l'ai emmené chez moi. Je voyais qu'il aimait vraiment le coin.

— Ici, Guy, c'est la tranquillité. Tu fais ton épicerie, personne ne te reconnaît. C'est l'anonymat total…

Quelques semaines plus tard, le camp d'entraînement a commencé à Trois-Rivières. La veille, j'avais eu une bonne discussion d'une heure avec Guy dans ma suite à l'hôtel Le Baron. Je l'avais prévenu que toute l'attention serait sur lui parce que ça grouillait déjà de journalistes à Trois-Rivières. Je savais aussi que les trois chroniqueurs de Montréal, Réjean Tremblay, Yvon Pedneault et Bertrand Raymond, y seraient. Je savais qu'il serait submergé de reporters, mais je lui ai dit d'essayer quand même de jouer la carte de la discrétion par respect pour ses nouveaux coéquipiers. Il m'a répondu : « Pas de problème ! »

Le lendemain, comme prévu, c'était la folie furieuse. Tous les journalistes étaient là ! Le Canadien était à Montréal, les Nordiques à Québec, mais tous les yeux étaient rivés sur Trois-Rivières. Tout le monde était là pour le retour de Guy Lafleur ! Même des journalistes des États-Unis s'étaient déplacés ! John Davidson, l'analyste des matchs des Rangers, a admis n'avoir jamais senti autant d'ambiance.

La première journée, l'entraînement était prévu pour neuf heures le matin mais je suis arrivé à l'avance, vers sept heures. Comme j'approchais de l'aréna, je voyais qu'il y avait déjà une file de gens qui attendaient pour entrer.

Je me souviendrai toujours de la première présence de Guy dans nos matchs simulés, le « scrimmage » comme on dit. Il descend à l'aile droite, comme il avait l'habitude de le faire avec le Canadien, Tony Granato lui fait une passe, et Bing ! un *slapshot* foudroyant, et il marque !

J'étais sur la galerie de la presse avec Phil et on n'en revenait pas. Guy venait de marquer le premier but de notre camp d'entraînement, et les quelques centaines de *fans* dans l'aréna étaient en train de virer complètement fous ! Je soupçonnais le gardien Bob Froese d'avoir ouvert les jambières, mais c'était correct…

Après cette première journée, Phil avait déjà pris sa décision :

— Il fait le club.

— Attends un peu, Phil, on commence…

— Non, c'est décidé, il fait le club.

J'étais bien content pour Guy. Et de toute façon, tout s'est bien déroulé pour lui par la suite. Je l'ai employé assez souvent pour nos rencontres préparatoires dans l'Ouest canadien. Il n'était pas un des meilleurs, mais il avait sa place avec nous sur un troisième ou quatrième trio, et des fois en avantage numérique. C'est juste après le dernier match présaison qu'il a su qu'il avait « fait le club ». J'avais été impressionné parce qu'il avait bien répondu malgré beaucoup de pression. Il était l'un des rares à ne toujours pas avoir de contrat en poche.

Une fois, le vétéran Tony Granato est venu me voir avant un match pour me demander s'il pouvait jouer avec Guy. J'ai vu qu'il y avait déjà du respect à son endroit et qu'un lien s'était créé. Faut dire que Guy était tellement gentil, tellement généreux envers ses coéquipiers.

Michel Bergeron et Guy Lafleur vivront une belle relation pendant cette année à New York.

Nos femmes sont devenues de bonnes amies. Il y avait une moins grande différence d'âge entre lui et moi qu'entre lui et les plus jeunes de l'équipe. Le 31 décembre, on l'a invité à réveillonner à la maison. Richard Morency et sa famille étaient de la fête eux aussi. Guy est arrivé comme il arrive habituellement… avec deux bouteilles de champagne pour ses amis. Dans ce temps-là, j'avais mon berger allemand, un chien de garde, pis il est parti après Guy. Il était un peu épouvanté, avec les deux bras en l'air, et ma femme n'arrêtait pas de lui dire : « Baisse tes bras ! Baisse tes bras ! » J'ai attrapé mon chien juste à temps. Je ne voulais surtout pas que Guy échappe les bouteilles de champagne…

Un autre soir, je faisais le marché avec ma femme, je poussais le chariot et, quand j'ai tourné le coin de l'allée, je suis tombé face à face avec Guy. Il était environ 23 heures. Je me rappelle lui avoir dit : « Tu nous verrais au Québec à 11 heures le soir dans un supermarché ? » Il était heureux parce qu'il ne pouvait se permettre une telle liberté au Québec.

C'était assez difficile pour moi aussi d'ailleurs. Au Québec, je ne faisais pas l'épicerie moi non plus. Une fois, je me rappelle, c'était la fête de Michèle. C'était pendant les séries éliminatoires contre Philadelphie, mais il fallait absolument que je lui achète un cadeau. Après la pratique du matin, je me suis rendu au centre commercial Fleur de Lys. J'ai acheté mon cadeau et, quand je suis venu pour payer à la caisse, y en a un, derrière moi, qui m'a lancé : « Au lieu de magasiner, Bergeron, il serait ben mieux de s'occuper de son club ! » Je n'ai pas voulu commencer à tout lui expliquer, que c'était l'anniversaire de ma femme, je l'ai juste regardé et je suis parti.

C'était ça, New York. Une nouvelle liberté. Je pouvais porter des jeans, ne pas me faire la barbe pendant quelques jours. Je ne me souviens pas d'un matin à Québec où j'ai quitté la maison s'en m'être rasé. Parce que l'image des Nordiques, c'était important. Je ne voulais décevoir personne. Malgré tout, les gens nous connaissaient à Rye. Ils reconnaissaient les joueurs, les entraîneurs, mais c'était beaucoup plus relax.

LE DÉBUT D'UNE GRANDE RIVALITÉ

Michel Bergeron a d'autres anecdotes en mémoire avec Guy Lafleur.

Quand Guy a signé son contrat, je l'ai prévenu : « Guy, t'as pas joué depuis quatre ans, il se pourrait que tu sautes certains matchs au cours de l'année. » Il m'avait répondu qu'il n'y avait pas de problème.

Une fois, on jouait au Minnesota. J'arrive de bonne heure à l'aréna pour le match, Guy est déjà en uniforme… trois heures avant le match. Avec le Canadien, il était toujours le premier arrivé dans le vestiaire, il s'habillait tôt.

— Guy, va falloir que tu te déshabilles, tu joues pas ce soir.

Il fallait voir l'expression de son visage. Je pense que c'était la première fois de sa vie qu'un *coach* lui disait ça. Il a quand même gardé son uniforme, il a participé au réchauffement, et il a attendu que tous les joueurs soient sur la glace pour le match avant de se changer. Il n'a pas boudé, il a même encouragé les autres pendant le réchauffement. Ça m'a fait un pincement au cœur.

Un autre grand joueur, Marcel Dionne, a vécu une fin de carrière semblable… aux côtés de Lafleur !

Ça m'a placé dans une situation inconfortable de diriger ces deux grands athlètes à la fin de leur carrière. Je me rappelle un match, à Los Angeles, où on gagnait 5 à 1. Les Kings, menés par Gretzky, ont réduit notre avance à deux buts en fin de deuxième période. En troisième période, je pensais uniquement à gagner le match. J'ai réduit mes effectifs à trois trios. Dionne et Lafleur étaient tous les deux au bout du banc. En plus, à Los Angeles, comme le banc était minuscule, les gars les tassaient tout le temps quand ils rentraient au banc. Marcel n'était pas de bonne humeur, surtout qu'on avait retiré son numéro ce soir-là à Los Angeles, après sa glorieuse carrière avec les Kings.

Il y a eu un temps d'arrêt. Je me suis retourné vers mon adjoint, Charles Thiffault, qui m'avait suivi à New York, et je lui ai montré du doigt le bout du banc. « Charlie, ça se peut-tu ? Ces deux gars-là ont scoré 1 200 buts à deux pis je peux même plus les faire jouer. » Je me suis senti tellement malheureux ce soir-là. En plus, toute la famille de Marcel était dans les estrades pour les cérémonies d'avant-match. Après la rencontre, Marcel a détalé assez rapidement…

J'étais dans le bureau avec Wayne et Charles quelques instants après notre victoire et je me rappelle leur avoir dit : « Je ne suis vraiment pas chanceux. Si j'avais pu diriger Marcel Dionne, Guy Lafleur, Daniel Bouchard, Serge Bernier, Jacques Richard, Ron Greschner et Marc Tardif à leur apogée, ça aurait été fantastique. »

C'est triste, la réalité du sport, parfois. Toute bonne chose a une fin. C'est jamais vrai quand un athlète affirme qu'il s'est retiré parce qu'il était prêt à le faire. Presque personne ne prend sa retraite sans y être contraint. Les seuls que j'ai connus qui l'ont fait, c'est Jean Béliveau, Jacques Lemaire, Gilbert Perreault, Henri Richard et Ken Dryden. Les autres ont été poussés à la retraite ou se sont retirés en raison d'une blessure. Et le joueur n'est jamais réellement prêt à partir. Après cette vie de groupe-là, il se retrouve du jour au lendemain sur son patio. Sa carrière est derrière lui et il se dit : « Je m'en vais où, ce matin ? Où est mon itinéraire ? » C'est un vide énorme.

Je me souviendrai toujours que Guy Lafleur a disputé son meilleur match avec les Rangers au Forum contre le Canadien. Il avait fait une feinte étourdissante devant Petr Svoboda, une feinte dont les gens me parlent encore. Le Canadien l'avait emporté 5 à 4, mais Guy avait marqué deux fois, et tout le monde était heureux.

Michel Bergeron a dirigé d'autres francophones, dont Michel Petit, qui jouera plus tard avec les Nordiques et qui l'a suivi à New York.

Quand je pense à Michel Petit, un joueur que j'ai adoré, je me rappelle d'abord l'anecdote des petites épaulettes…

Michel avait beaucoup de talent, mais un caractère plutôt spécial. J'ai été, je crois, le seul capable de le diriger. Comme Normand Rochefort d'ailleurs.

Toujours est-il qu'une bonne journée, Michel Petit était blessé à l'épaule. Le médecin de l'équipe lui a recommandé chaudement de jouer avec de grosses épaulettes, nouvellement arrivées sur le marché.

Petit portait ses grosses épaulettes, de très, très grosses épaulettes. Après la première période, Phil est entré dans le vestiaire et a passé une remarque à Petit.

— T'as pas l'air d'un joueur de hockey avec ces épaulettes. Les joueurs de hockey jouent pas avec ça…

Petit était insulté. Moi, je n'étais pas au courant de la remarque de Phil. Derrière le banc, en deuxième période, je remarque que Petit a rapetissé :

— Qu'est-ce que tu fais là ?

— C'est correct, je vais jouer avec les petites.

Après la période, j'ai piqué une crise mémorable dans le vestiaire :

— Pas de problème, Petit. T'es pas mal beau avec tes petites épaulettes ! T'as l'air d'un vrai joueur de hockey ! Si je te revois avec ces petites épaulettes, tu joues pas...

Petit est revenu avec ses grosses épaulettes en troisième période, mais il a su me convaincre par la suite de jouer avec ses vieilles épaulettes...

Michel Bergeron aura un autre drôle de pistolet sous ses ordres à New York : Chris Nilan...

Autant je l'ai détesté quand il jouait pour le Canadien, autant j'admirais silencieusement son cran. Au plus fort de la rivalité entre le Canadien et les Nordiques, quand je le voyais, je lui faisais un clin d'œil. Avec Mario et Carbo, on aimait se détester, on se disait toutes sortes de choses en français. Nilan, lui, c'était le clin d'œil...

Phil aussi l'aimait. Et les Rangers avaient besoin de robustesse. On savait qu'il était disponible parce qu'il ne s'entendait plus avec Jean Perron à Montréal. Il voulait même se battre avec lui ! L'entraîneur du Canadien avait demandé à Serge Savard de le libérer de Nilan. On avait donné un premier choix au repêchage pour acquérir ses services.

LE DÉBUT D'UNE GRANDE RIVALITÉ

Quand Nilan a commencé à jouer pour nous, je lui ai trouvé une place au sein de notre troisième trio. Mais je l'ai mis en garde contre une chose importante. Je l'avais vu tellement souvent fracasser, avec son bâton, le néon rouge de « Sortie » en s'en allant au vestiaire au Forum que je lui ai fait promettre de ne pas détruire le mobilier du Madison Square Garden!

— Casse jamais cette enseigne ici! Jamais! Parce que sinon, je vais le prendre comme si tu me défiais personnellement.

— Parfait, *coach, we've got a deal!*

Un certain soir, il se bat et il n'a pas le meilleur dans la bataille. Il est furieux contre son adversaire, contre l'arbitre, il quitte la glace enragé et il soulève son bâton au moment de passer sous l'enseigne... mais il me regarde et il retient son geste. Nous étions seulement deux dans l'amphithéâtre à comprendre...

Je me suis bien entendu avec lui cette année-là. Je crois avoir toujours respecté mes durs à cuire, les Basil McRae, Gord Donnelly, Wally Weir, Jimmy Mann, Nilan. Ce n'était pas un travail facile pour eux. Si tu les gardais sur le banc de longs moments, assez pour qu'ils refroidissent, ce n'était pas juste de les envoyer ensuite sur la glace contre le colosse de l'autre équipe sans les prévenir.

Je me souviendrai toujours qu'à Québec, une certaine année, on avait embauché John Wensink, qui était un bagarreur réputé. Il avait fait la pluie et le beau temps à l'époque des *Big Bad Bruins*. C'est lui qui avait annoncé qu'il arracherait la tête de Guy Lafleur avant un match des séries éliminatoires au Garden de Boston.

237

Au moment où il est arrivé à Québec, John était dans la trentaine et il était moins rapide. Ses beaux jours étaient derrière lui. On voyait qu'il n'avait plus la tête aux bagarres. Un matin, il entre dans mon bureau :

— J'ai pris une décision. Je ne peux plus me battre. Je n'en peux plus d'entendre mon garçon me demander pourquoi je ne fais que me battre, pourquoi je ne compte pas de buts...

— Parfait, John, c'est ta décision, je respecte ça.

Malheureusement, Wensink n'avait pas le talent, et il ne pouvait pas nous aider s'il ne se battait pas. J'en ai parlé à Maurice Filion et, quelques jours plus tard, on le libérait...

Revenons à Nilan. Je l'aimais beaucoup pour son cran. Une fois, au cours d'un match contre les Flyers, Nilan se lève dans le vestiaire. La porte de mon bureau est ouverte, j'entends tout.

— Il faut absolument la gagner, les *boys*! Moi, je vais m'occuper de Dave Brown au début de la deuxième, mais vous avez besoin de jouer au hockey ensuite parce que demain, à la pratique, ça va brasser!

On aurait entendu une mouche voler dans le vestiaire. Je trouvais son discours très intéressant. La période commence et Philadelphie envoie Dave Brown sur la glace. Je réplique avec Deblois, Erixon et Nilan à gauche devant Brown... même s'il est ailier droit.

J'étais curieux. J'avais entendu Nilan parler, mais j'ai vu trop souvent des joueurs dans le vestiaire faire de grands discours comme celui-là et se faire très discrets ensuite sur la glace. Ce n'était pas le genre de Nilan...

LE DÉBUT D'UNE GRANDE RIVALITÉ

Dix secondes après la mise au jeu, les gants ont volé dans les airs! Une bataille pour hommes. Nilan mesurait à peine six pieds, l'autre était un costaud de six pieds cinq pouces, mais il a tenu son bout. Les coups pleuvaient. Après le combat, Nilan est passé devant notre banc et il a regardé tout le monde dans les yeux. C'était l'égalité 1 à 1. On a gagné 7 à 1...

La saison avance, ça va bien pour les Rangers et ils se préparent pour les séries éliminatoires. Il reste deux matchs à disputer. Une nouvelle ahurissante attend alors le Tigre...

Il restait un match à Pittsburgh, et un autre à domicile. Juste avant, on venait d'en perdre un à Detroit. J'étais furieux et j'ai commandé un entraînement à sept heures le matin avant de prendre l'avion pour Pittsburgh. Un entraînement difficile, sans rondelles. Les gars ont vraiment sué.

Alors, Phil me téléphone et il me suggère de m'excuser auprès des gars parce que je n'ai pas été correct. Phil pouvait me sortir des réflexions du genre à l'occasion parce qu'il se mettait encore dans la peau du joueur.

Toujours est-il qu'on part pour Pittsburgh, où on lutte encore pour le deuxième rang de notre division. Ça regarde bien parce que nos blessés, James Patrick et David Shaw, sont de retour. La veille du match, la pratique se déroule à merveille. J'ai un bon *feeling* pour les éliminatoires, on a l'équipe pour aller loin.

On va souper le soir avec les adjoints Charles Thiffault et Wayne Cashman, aussi avec Pete Mahovlich et Ed Giacomin, qui font partie de l'organisation. Phil, lui, n'a pas fait le voyage.

Le lendemain matin, vers 7 h 30, le jour du match, je reçois un coup de téléphone à ma chambre du Hyatt à Pittsburgh. C'est Phil. Il veut me voir à sa chambre à neuf heures. J'étais un peu surpris parce qu'il n'était pas du voyage à l'origine, mais je me suis dit que New York-Pittsburgh, ça se fait assez bien et qu'il voulait sans doute assister à la rencontre.

Je croise Wayne et Charles dans le *lobby* et je leur demande de diriger l'entraînement du matin à ma place parce que Phil veut me rencontrer.

Je monte à sa chambre, et c'est Barry, le relationniste des Rangers, qui m'ouvre la porte. Je ne comprends pas très bien ce qui se passe. Phil se pointe. Il a l'air mal à l'aise.

— *Hi! Mich!*
— *Hi…*
— J'ai décidé de faire un changement…
— Quoi? Le *coach*?
— Oui…
— C'est quoi la raison?
— Écoute, Bergie, je pourrais te donner une raison, je pourrais t'en donner mille…

Ça servait à rien de m'éterniser. Je lui donne la main.

— *Thank you. Good luck.* Il faut que j'aille voir les joueurs une dernière fois.
— Bergie, ce n'est peut-être pas le moment…

LE DÉBUT D'UNE GRANDE RIVALITÉ

— *Come on*, Phil, pousse pas ta *luck*…

Je me dirige vers l'aréna et je me prends un café en sortant. Tout s'était passé tellement rapidement. Deux minutes à peine, je n'étais plus l'entraîneur des Rangers, le vide m'attendait. Je ne lui ai rien demandé parce que, de toute façon, sa décision était prise.

J'approche de l'aréna, j'ai encore mon café dans les mains, mais le café *shake*, il revole partout. Je suis complètement renversé. Nous sommes le 1er avril, mais je sais très bien qu'il ne s'agit pas d'un poisson d'avril…

Avant de rencontrer les gars, j'appelle ma femme :

— Michèle, je viens d'être congédié…

— Ben oui, poisson d'avril.

— Michèle, je te jure, je viens d'être congédié à l'instant même…

— Arrête, Michel…

— Écoute, j'ai pas le temps de te parler, il faut que je rencontre les joueurs. En passant, téléphone à la femme de Charles (Thiffault), je ne sais pas où il est, mais lui aussi vient d'être congédié…

J'entre dans le vestiaire.

— *Boys, I'm done. I just got fired. Best of luck.*

Le gardien Vanbiesbrouck me regarde et se demande s'il doit me croire :

— *Come on, coach. We've got a game tonight!*

— *No, guys. I'm done.*

Guy Lafleur est à côté de moi. Il me demande en français si c'est vrai. Pendant ce temps, Phil est de l'autre côté de la pièce et il écoute tout ça. Je donne la main à tout le monde. Je suis triste à mourir, j'ai la larme à l'œil. Je suis sur le bord d'éclater. Même le grand *chum* de Phil, Wayne Cashman, pleure à chaudes larmes.

Après avoir rencontré les joueurs, je m'installe dans les estrades. Les Penguins s'entraînent. Mario Lemieux, qui a eu vent de la nouvelle, se dirige vers moi et me demande si c'est vraiment vrai. Je lui fais un signe de tête affirmatif. Il me lance : « *Good luck* ».

Au lieu de diriger l'équipe à Pittsburgh, je rentre à New York. Les Rangers m'avaient déjà déniché un billet d'avion. Décidément, la ville de Pittsburgh ne me porte pas chance. Souvenons-nous de la vision double…

Je suis assis dans l'avion, complètement assommé. Charles est assis derrière moi, probablement aussi sonné que moi.

À Rye, le téléphone n'arrête pas de sonner. Toutes les stations de radio et de télévision sont chez moi. Il y a tellement de médias à New York, ma maison est transformée en studio de télé. Les médias québécois sont aussi sur place. Je dois faire l'émission *Le Point* en direct à Montréal le lendemain. Ron Fournier est sur place, Charles-André Marchand aussi, Michel Villeneuve et plusieurs autres que j'oublie. TVA est en direct chez moi.

Avec toute cette histoire, j'ai oublié mes *chums* de Québec qui étaient à Atlantic City et qui devaient passer par New York pour assister au dernier match de la saison régulière au Madison Square Garden. Ils ont entendu la nouvelle à la radio sur la route, et disons que leur *party* ne s'est pas déroulé comme prévu. Au lieu de voir le match, Jean-Pierre Garneau, André Vézina et Denis Harrington m'ont aidé à vider mon bureau à Rye pendant que les Rangers affrontaient les Islanders…

LE DÉBUT D'UNE GRANDE RIVALITÉ

Le lendemain du match, les joueurs sont presque tous venus me retrouver à la maison. J'habitais dans le même coin qu'eux. Il y avait une quinzaine de gars, Guy Lafleur, Chris Nilan, Paul Cyr, Kelly Kisio, James Patrick, Michel Petit, Normand Rochefort, John Vanbiesbrouck, Brian Mullen, David Shaw, Lucien Deblois... On a pris quelques bières. Ils semblaient un peu assommés. À cinq heures, j'ai dit : « Les *boys*, c'est fini, mon histoire. Il faut arrêter de pleurer. Vous avez une job à faire, les séries éliminatoires approchent, rentrez chez vous. »

Je ne voulais pas que ça finisse en beuverie. Ils avaient un entraînement le lendemain matin avant les séries.

Aussi surprenant que ça puisse paraître, Phil Esposito lui-même a remplacé Bergeron derrière le banc des Rangers. Ça ne sera pas un grand succès...

Les Rangers ont perdu les deux derniers matchs en saison régulière. En séries, Phil a apporté des changements surprenants, il a choisi entre autres de faire confiance au gardien substitut Bob Froese. New York a perdu le premier match de la série contre les Penguins.

Comme mes chums de Québec étaient en ville, j'ai décidé d'aller vider mon bureau pendant le deuxième match de la série. Autre défaite. Les Rangers seront balayés en quatre matchs. Phil aura perdu les six matchs qu'il a dirigés. Je pense que les joueurs étaient encore assommés par tout ce qui venait de se passer...

Bergeron ne chômera pas longtemps.

Il me restait un an à faire dans son contrat… les Nordiques jouaient à Buffalo leur dernier match de l'année. C'était un dimanche après-midi. J'ai reçu un appel vers 16 heures. C'était Marcel Aubut, qui était avec Martin Madden, le directeur général :

— Michel, n'accepte rien d'autre, on veut te ravoir à Québec…

L'entraîneur des Nordiques, Jean Perron, lui, ne se doute de rien.

Les négociations n'ont pas tardé. Mes chums tentaient de me dissuader. Ils voyaient bien que l'équipe n'allait nulle part.

— Retourne pas avec les Nordiques, Michel. Les années difficiles ne sont pas terminées, m'affirmait lui aussi Fernand Bouchard.

En plus, Philadelphie, Pittsburgh et Los Angeles venaient de perdre leur *coach*. Pierre Lacroix, mon agent, me disait d'attendre. Il était fâché parce que j'avais déjà montré de l'intérêt à Marcel et à Martin. Je lui enlevais ainsi tout pouvoir de négociation.

Moi, je croyais que je marchais sur l'eau. Je voulais revenir avec les Nordiques et terminer mes jours à Québec. Diriger le club pendant trois ans et accepter ensuite un poste au sein de la direction. J'ai signé un contrat de six ans avec eux. Trois ans comme entraîneur et trois autres pour un poste qui serait défini plus tard.

Une fois les négociations terminées, j'ai pris des petites vacances en Floride, avant la conférence de presse pour annoncer mon retour, une semaine plus tard, début mai.

LE DÉBUT D'UNE GRANDE RIVALITÉ

Cette conférence de presse, Marcel Aubut voulait l'arranger de la façon la plus spectaculaire possible. J'ai pris l'avion de la Floride jusqu'à Burlington, pour continuer ensuite en limousine. Marcel voulait que je me cache, pour que personne ne se doute de mon retour. La limo m'a déposé chez Marcel Aubut, où j'ai passé la nuit avec ma femme.

Sur la route, j'écoutais la radio et je souriais. Marc Simoneau puis Michel Villeneuve annonçaient mon retour. Simoneau affirmait même qu'on m'avait vu à l'aéroport dans l'après-midi! Je me disais que c'était bien drôle de m'avoir fait faire le tour du monde pour ensuite entendre qu'on m'avait vu à l'aéroport...

Le lendemain, le grand jour, j'étais nerveux comme je l'ai rarement été. La conférence de presse avait lieu à l'hôtel Loews Le Concorde. Je n'ai jamais vu autant de journalistes de toute ma vie! Pourtant, quand j'avais été présenté aux médias de New York, j'avais été frappé lorsqu'ils avaient ouvert les rideaux. Je m'étais dit que je me retrouvais vraiment dans la plus grosse ville au monde. Mais il y en avait encore plus au Loews!

J'étais excité. Excité de revenir chez nous. C'est drôle parce que mes enfants, eux, ne voulaient plus rentrer au Québec. Mes deux filles sont même restées deux semaines de plus à New York chez des amies...

Bergeron est porté en triomphe à Québec, mais la désillusion ne tardera pas...

Je me doutais déjà un peu de ce qui m'attendait. Avant que je déménage à Québec, Martin Madden était venu me voir à New York avec mes trois nouveaux assistants, Guy Lapointe, Alain Chainey et Serge Aubry. On avait préparé le camp d'entraînement. J'ai vite constaté que les vétérans vieillissaient et je n'étais pas convaincu du talent de nos jeunes, à l'exception de Joe Sakic. La réalité m'a frappé de plein fouet dès la première journée du camp d'entraînement. Guy Lafleur avait des ailes sur la glace.

Ce soir-là, je suis rentré à la maison et ma femme m'a demandé des nouvelles de ma journée :

— Michel, il me semble que t'es pas aussi excité, cette année…

— Je pense qu'on va avoir un problème. Guy Lafleur est mon meilleur ailier droit…

Notre gardien s'appelait Sergei Mylnikhov et il devait être notre sauveur. Il avait brillé avec l'équipe nationale d'URSS, mais il était en fin de carrière et il s'était pointé au camp d'entraînement en bien piètre condition physique. Il avait au moins 20 livres en trop et il était rouge comme une tomate après les entraînements. Ses auxiliaires étaient trop jeunes pour l'appuyer. Ron Tugnutt commençait sa carrière, Stéphane Fiset avait 18 ans à peine, et il devait en principe rester avec les Tigres de Victoriaville. Je lui avais recommandé devant les journalistes de s'acheter une grosse paire de bottes parce qu'il allait passer l'hiver à Québec. Les reporters avaient bien ri.

C'était invivable pour le pauvre Mylnikhov. Il ne parlait pas un mot d'anglais, ni de français, évidemment. Sa famille et lui arrivaient dans un monde complètement nouveau. Maurice Filion, qui était devenu conseiller dans l'organisation, avait le mandat de s'occuper d'eux. Madame Mylnikhov ne connaissait pas nos habitudes : quand elle allait faire l'épicerie, elle ouvrait les pots de cornichons pour goûter. Le gérant de l'épicerie gueulait et elle ne comprenait pas pourquoi. Ce n'était pas leur faute, ils avaient vécu différemment.

On avait embauché l'interprète Michel Ponomareff mais Mylnikhov le considérait comme un espion parce qu'il était payé par les Nordiques. Mylnikhov avait embauché son propre interprète. Imaginez un peu comment ça se passait au cours de nos *meetings*. Mylnikhov et les deux interprètes se parlaient en russe… moi, je ne comprenais rien. Heureusement, nous n'avons pas eu trop de réunions ensemble !

Je lui faisais garder les buts de temps en temps, mais c'était une catastrophe chaque fois. Au cours d'un match préparatoire contre les Bruins à Halifax, Cam Neely a lancé un boulet de canon dans sa direction et il a réagi tellement lentement que je croyais que le tir allait le tuer…

Heureusement, Guy Lafleur l'avait pris sous son aile. Il était souvent avec lui et ils communiquaient par gestes. Mylnikhov a tellement apprécié ce que Guy a fait pour lui qu'à Noël, il l'a attendu avec une bouteille de champagne devant sa chambre d'hôtel du Château Bonne Entente jusqu'à deux heures du matin. Guy fêtait en famille mais Mylnikhov a patienté sagement devant sa porte, il tenait absolument à lui exprimer sa gratitude.

Moi, il ne m'aimait pas beaucoup. Il me voyait comme un rival. Je ne le faisais pas jouer beaucoup, je lui préférais Ron Tugnutt. À la fin de la saison, il est reparti en Russie.

Lafleur, lui, est rapidement devenu notre deuxième ailier droit. Il n'y en avait pas d'autres. On ne s'attendait pas à ça. Je soupçonne plutôt les Nordiques de l'avoir embauché pour nous aider dans la vente des billets de saison, parce que ça ne marchait pas trop fort. J'imagine que mon retour n'a pas nui non plus à vendre quelques billets supplémentaires. En plus, Guy avait bien joué avec les jeunes Leetch et Granato à New York.

Et comme prévu, nous avons eu des problèmes. Nous avions Joe Sakic et Curtis Leschyshyn, deux recrues prometteuses, mais rien de trop emballant à part ça. Michel Goulet et Peter Stastny étaient toujours avec les Nordiques, mais ils voulaient changer d'équipe. Ils en avaient assez de perdre. Et tous leurs coéquipiers d'antan étaient partis. Ils se sentaient vraiment seuls dans ce groupe de jeunes. Malgré tout, Peter restait le meilleur joueur de l'équipe.

Les deux étaient venus me voir à tour de rôle à mon bureau. Ils ne demandaient pas un échange de façon directe, mais ils passaient leurs messages. Je me rappelle le commentaire de Goulet :

— Toi, t'as eu la chance d'aller à New York. Peut-être que nous aussi on aimerait avoir la chance de jouer ailleurs…

Je leur répondais qu'on en parlait, que Martin Madden travaillait là-dessus, mais qu'il fallait qu'ils continuent à produire. Madden a commencé très tôt dans la saison à faire des appels pour tenter de les échanger.

Les offres n'étaient pas extraordinaires et il y avait tout de même 15 000 fans à satisfaire. On ne gagnait pas souvent mais, au moins, les gens avaient Sakic, Peter, Michel et Guy. C'est peut-être pour ça qu'on a pris notre temps.

Après les fêtes, à la surprise de Bergeron, le directeur général Martin Madden est congédié.

Je n'ai jamais vraiment compris pourquoi. Toujours est-il que Maurice Filion, qui était parti quelques années plus tôt, est revenu pour assurer l'intérim. J'étais déçu parce que Martin travaillait vraiment fort pour nous sortir du pétrin. Maurice, c'est évident qu'il avait un mandat clair : échanger Statsny et Goulet, mais des offres, il n'y en avait pas de valables. Elles étaient même moins bonnes en février qu'en octobre…

Je trouvais ça dommage que Martin s'en aille parce que, malgré tout, j'aimais l'ambiance de travail. Je m'entendais à merveille avec lui, je l'adorais. Martin avait eu son mot à dire dans mon embauche par les Nordiques en 1980. J'avais été entraîneur contre lui dans le *junior*, directeur général aussi, nous avions conclu des transactions ensemble. Durant cette année difficile, nous nous sommes serré les coudes. Nous étions toujours ensemble. Le plus grand malheur dans tout ça, c'est que Maurice n'était plus consulté par la haute direction.

L'année a été horrible dans tous les sens du mot. On n'avait pas de chevaux. La plupart de nos jeunes, on savait qu'ils ne seraient même plus dans la Ligue nationale deux ans plus tard. L'équipe était à refaire complètement. Le gros problème avec les Nordiques, ça a été le recrutement. Les premiers choix de l'équipe dans les années quatre-vingt, Yves Héroux, Trevor Stienburg, David Latta, Jason Lafrenière, Ken McRae, Max Middendorf, Brian Fogarty et compagnie, n'ont jamais percé. Les Nordiques n'ont jamais pu préparer une relève adéquate après le départ de Hunter, Goulet et Statsny.

Ce n'était pas nécessairement la faute des dépisteurs. C'étaient peut-être seulement les circonstances. Il y a tellement de hasards dans un repêchage. On ne sait jamais comment un gars de 17 ans va se développer. Comment il va réagir à tant d'argent dans ses poches du jour au lendemain.

Je prends l'exemple de Fogarty. Tout le monde disait qu'il serait le successeur de Bobby Orr, mais il avait un problème de boisson. Il n'a jamais pu s'en sortir et faire une carrière décente. Est-ce la faute des dépisteurs?

J'ai dirigé Fogarty avec les Nordiques. Il avait toujours son problème d'alcool et, en plus, il était sourd d'une oreille. Je lui parlais, sur le banc, et il ne réagissait pas. Je me fâchais et son partenaire, Joe Cirella, se retournait vers moi.

— L'autre oreille, Bergie, l'autre oreille...

Je me faisais prendre chaque fois. On a tout mis en place pour aider Fogarty à s'en sortir. On l'a envoyé dans une clinique spécialisée. Malheureusement, ça n'a pas fonctionné. Quatre ou cinq équipes, dont le Canadien, ont tenté de le récupérer, mais ça n'a pas marché.

LE DÉBUT D'UNE GRANDE RIVALITÉ

Cette année-là, j'ai modifié ma façon de diriger. J'ai été beaucoup plus compréhensif. On peut pas en demander plus à des joueurs qui peuvent pas en donner plus. J'étais tellement tranquille que les journalistes me demandaient si j'allais bien. Je me souviens, Pierre Houde et Yvon Pedneault m'ont rencontré avant un match contre Buffalo, à RDS, et ils ne se sont pas informés de la composition de mes trios, mais plutôt si je filais bien...

C'est également au cours de cette saison-là que j'ai vécu ma grande réconciliation avec Mario Tremblay. Mario était devenu analyste à CJMS après sa retraite et il devait m'interviewer après un entraînement du matin au Colisée. Il est arrivé avec le reporter Michel Villeneuve et Michel Tremblay, son patron à CJMS.

Je me souviens de l'avoir vu à ma porte.

— Bergie, j'peux-tu avoir une entrevue ?

Je n'ai pas pu m'empêcher de sourire.

— Entre...

On a jasé longtemps. Je lui ai offert du café. On a parlé du bon vieux temps. Il était mal à l'aise au début, mais ça s'est dissipé rapidement et une belle chimie s'est installée entre nous deux. Quand il a quitté mon bureau, j'ai senti qu'il était soulagé et fier de son coup. Ça a été le début d'une grande complicité. Après la fusion entre CJMS et CKAC, quelques années plus tard, on a eu l'occasion de travailler ensemble et de se connaître encore davantage.

Quelque temps après le retour de Maurice, Stastny et Goulet ont été échangés. Ce que les gens ne savent pas, c'est que Statnsy a failli ne jamais partir cette année-là, l'échange conclu avec les Devils, contre Randy

Velischek et Craig Wolanin, a été conclu 30 minutes après la limite des échanges. Aubut était au téléphone avec le président de la Ligue nationale, John Ziegler, pour le supplier de lui donner une chance! Finalement, Ziegler n'est quand même pas idiot, il a compris que des transactions peuvent survenir au dernier moment.

L'échange de Statsny, comme celui de Goulet, n'a pas beaucoup rapporté aux Nordiques. Pour Goulet, nous avons obtenu des Blackhawks Everett Sanipass, Jean-Luc Doyon et Daniel Vincelette, trois jeunes qui n'ont pas fait une grande carrière.

À la fin de cette même saison, j'ai appris une nouvelle désolante : Maurice me confie que Robbie Ftorek va devenir l'un de mes assistants et qu'il congédie Guy Lapointe. J'ai rencontré Guy et je lui ai dit que je n'y comprenais rien, et lui non plus ne savait pas quoi penser.

L'année terminée, les Nordiques sont derniers au classement avec seulement 31 points, la pire récolte de leur histoire. Michel Bergeron n'a pas eu beaucoup de succès derrière le banc, mais il commence à rêver, en vertu de son entente à long terme, au poste de directeur général…

Je savais que le poste était libre parce que Maurice avait accepté l'emploi par intérim seulement, et il ne devait pas revenir la saison suivante. J'entendais des rumeurs. On parlait de Scotty Bowman, de Pierre Pagé. Ça me chicotait un peu.

J'étais dans la Ligue nationale depuis 10 ans, j'avais déjà été directeur général et entraîneur à Trois-Rivières, je me sentais prêt à relever un autre défi. J'ai parlé à Pierre Lacroix de mes intentions d'approcher Marcel Aubut pour obtenir le poste. Il m'a répondu de ne pas m'en occuper, qu'il allait parler pour moi, mais il ne s'est rien passé. J'ai alors décidé de téléphoner personnellement à Marcel Aubut. Il nous a fixé une rencontre en Floride. Une bien drôle de rencontre…

Il m'a donné rendez-vous dans un restaurant de West Palm Beach, pas trop loin d'où il habitait. Je me sentais un peu nerveux, mais j'étais bien préparé, j'avais même pris quelques notes…

Je suis arrivé à l'heure, et là je le vois à table, en tenue très décontractée, avec sa femme et ses enfants. Pour moi, c'était l'un des *meetings* les plus importants de ma vie; lui, il semblait en vacances…

Je lui parlais il ne m'écoutait même pas, il s'occupait plutôt de faire manger ses enfants. Je n'ai pas mis trop de temps à perdre mes illusions. Son idée était déjà faite.

Un mois plus tard, il nommait Pierre Pagé au poste de directeur général. À l'occasion de cette conférence de presse, j'ai vite compris que je n'avais pas un grand avenir avec les Nordiques. Quand les journalistes ont demandé à Pagé d'éclaircir ma situation, il s'est contenté d'une réponse évasive: « Je vais voir ça…»

Quand j'ai entendu sa réponse, j'ai foutu le camp de la conférence de presse. J'étais en furie. J'avais travaillé avec les Nordiques pendant 10 ans pour entendre un nouvel homme de hockey mentionner qu'il allait voir ce qu'il ferait avec moi? Pendant quelques semaines, ça a été la période d'attente. Personne de l'organisation ne me parlait. Aubut me fuyait en disant que Pagé prendrait la décision. Je ne m'en faisais pas trop parce que, lorsque j'avais des doutes sur mon avenir, je me souvenais que Marcel Aubut m'avait déjà dit que j'étais comme un fils pour lui. J'entendais les rumeurs à droite et à gauche au sujet des gens que Pagé rencontrait, mais je gardais quand même espoir. Puis, après un mois, il m'a convoqué à son bureau.

J'arrive à neuf heures le matin. La secrétaire me dit que notre rencontre est reportée à 11 heures. J'arrive à 11 heures, elle me demande de revenir à 13 heures…

La moutarde commence à me monter au nez :

— C'est quoi, le gag?

— Euh… c'est parce que monsieur Pagé dîne avec Dave Chambers à Toronto…

Je voulais tout casser. Pagé n'avait même pas eu la délicatesse d'être à l'heure à notre rendez-vous parce qu'il négociait avec mon successeur.

Finalement, on s'est vus vers 16 heures. J'étais un peu agressif. Il commence par m'envoyer des fleurs :

— C'est toi qui devrais être assis à ma place.

— Hé! Arrête ça!

Il ne savait pas que j'étais au courant pour son *meeting* avec Dave Chambers. Il me lance quelques banalités, me dit qu'il se sent plus confortable avec ses hommes, mais il ne prononce jamais le mot *congédiement*. Parce que Marcel Aubut l'a assurément mis au courant que, si je suis congédié, ils doivent me payer mes cinq autres années de salaire. Il me donne alors une liste de postes à combler chez les Nordiques. Il y avait tout là-dessus : recruteur-chef, dépisteur professionnel, analyste à la radio, analyste à la télévision…

LE DÉBUT D'UNE GRANDE RIVALITÉ

Je repars avec la feuille, un peu assommé. Je savais ce qui m'attendait : je ne retournerais plus derrière le banc des Nordiques. Même quand on s'y attend, ça nous surprend quand même, ce genre de nouvelle...

Je rentre à la maison, je suis tout croche dans l'auto. Je roule un peu vite. J'ai les yeux pleins d'eau. Un policier m'intercepte. Il me reconnaît :

— Michel, qu'est-ce qu'il y a?
— Rien...
— T'as l'air drôle. As-tu bu?
— Non, non, c'est qu'on vient de me congédier. Je suis un peu knocké...

Le policier m'a suivi jusqu'à la maison et il ne m'a pas donné de contravention. Probablement qu'en écoutant la radio dans son automobile il a compris que je disais vrai...

Les Nordiques me donnent alors un coup de fil à la maison pour organiser « notre » conférence de presse du lendemain avec Pierre Pagé. Ils veulent faire les gentils et ne pas causer de vagues. Je leur réponds que non, que j'ai été congédié, que je vais m'arranger seul. Je ne veux absolument pas être assis à côté de Pagé pour l'entendre dire qu'un autre s'en vient diriger l'équipe...

Le lendemain, j'appelle mon ami Nicolas Cortina au restaurant *Michelangelo* et je lui demande de me prêter son établissement. C'est là que j'ai rencontré la presse, comme je l'avais fait à New York après mon congédiement. Tous les journalistes de Québec y étaient : Maurice Dumas, Claude Larochelle, Claude Cadorette, Claude Bédard, Kevin Johnston, Albert Ladouceur, Marc Simoneau, Alain Crête, André Belisle, Gérard

Potvin, Michel Lemieux, Diane Hayfield. J'ai mis une chose au clair tout de suite :

— Les Nordiques ne veulent pas employer ce mot-là, mais j'ai été congédié. Purement et simplement.

À l'occasion de cette conférence de presse, Tom Lapointe, alors directeur des sports à CKAC, est venu me voir pour m'offrir un poste aux *Amateurs de sports*. Je lui ai répondu : «C'est Pierre Lacroix qui a déjà entamé les discussions».

Les choses étaient toutefois loin d'être réglées avec les Nordiques. Il me restait cinq ans de contrat. J'avais entre les mains la liste des postes. Je faisais quoi? Je devenais dépisteur? Je faisais de la radio? De la télévision? Je me disais que si je travaillais pour les Nordiques, j'allais être dans le bureau de Pagé tous les jours; si je faisais de la radio ou de la télé, je devrais voyager avec le club et une autre année épouvantable s'annonçait pour les Nordiques. Finalement, j'ai donné le feu vert à mon agent Pierre Lacroix pour négocier avec les stations de radio et de télévision de Montréal, TVA, CJMS, CKAC…

Il restait à régler l'affaire du contrat. J'ai mentionné à Pierre qu'il faudrait un rachat de contrat, c'est-à-dire que les Nordiques me donnent une bonne partie du montant qu'ils me devaient pour avoir rompu nos liens. Pierre m'a répondu qu'Aubut ne voulait rien me donner.

— C'est quand même beaucoup d'argent, quand on parle de cinq ans de contrat…

— Tu vas en faire, de l'argent, Michel, avec les médias à Montréal.

LE DÉBUT D'UNE GRANDE RIVALITÉ

J'ai décidé finalement de laisser Pierre négocier pour moi avec les médias de Montréal. Dans une même journée, nous avons rencontré Michel Chamberland, de TVA, Claude Beaudoin, Richard Desmarais et Tom Lapointe de CKAC, et, en fin d'après-midi, CJMS, représenté par Reynald Brière, Paul-Émile Baulne et Michel Tremblay de CJMS. Et aussi Claude Brière, de Molstar Communications. Brière était concerné parce que je devenais l'analyste aux matchs du Canadien à TVA, une émission produite par Molstar. Finalement, j'ai accepté les offres de CKAC et de TVA.

Il ne me restait plus qu'à aller signer ma démission. Une décision très difficile à prendre. Qui a envie de cracher sur tant d'argent? Deux ou trois fois, j'ai pris la route vers la maison de Marcel Aubut au lac Saint-Joseph et j'ai rebroussé chemin après 15 minutes de route. Je ne pouvais pas aller lui porter une pareille somme comme ça. Un bon matin, excédé, je téléphone à Pierre Lacroix :

— Pierre, je ne peux pas faire ça...

Il s'est impatienté au bout du fil :

— Non ! Non ! Je t'ai dit qu'il voulait pas...

Je suis finalement allé porter le contrat à la maison d'été de Marcel Aubut au lac Saint-Joseph. Aubut m'a donné 50 000 $ de compensation, étalés sur 5 ans. Il venait de sauver un paquet d'argent. Et en plus, il avait fait inclure une clause qui stipulait que je ne pouvais faire de commentaires à CHRC, le réseau des Nordiques...

Ce qui s'est produit le lendemain au cours d'un *meeting* de la direction des Nordiques m'a profondément bouleversé. Un ami qui siège au sein du comité du club, que je préfère ne pas nommer, m'a raconté la scène peu de temps après.

Aubut est entré dans la pièce, triomphant : « Bergeron m'a donné le contrat », et il s'est frotté les mains de satisfaction...

Quand j'ai entendu ça, j'ai eu le cœur brisé. J'aurais préféré qu'il ne dise rien. Je savais alors que mon association avec mes Nordiques était définitivement terminée. Je partais pour Montréal à regret, parce que je voulais terminer ma carrière à Québec, mais cet épisode m'a encouragé encore plus à quitter l'environnement des Nordiques.

Une chose est certaine, les Nordiques feront toujours partie de ma vie. Tous les matins, je prends mon café dans ma tasse des Nordiques.

Avec le recul, je constate que j'avais pris une mauvaise décision de revenir avec les Nordiques. Parce que ça a été la seule mauvaise année dans toute ma carrière. Mon pourcentage de réussite comme entraîneur dans la Ligue nationale avait toujours été de .530. J'ai chuté sous .500 cette année-là. Pour nous, les entraîneurs, c'est la seule statistique qui permet de mesurer notre valeur aux yeux des gens. En bout de ligne, de voir cette statistique chuter m'a moins dérangé que de constater que les Nordiques tenaient moins à moi que je le croyais. Jusqu'à la toute dernière minute, j'ai pensé que Marcel Aubut me téléphonerait pour me demander de demeurer avec l'organisation. Cela ne s'est pas produit.

Malgré tout, je ne renierai jamais les belles années que j'ai passées à Québec, ni tous ces gens qui m'ont épaulé, dont Marius Fortier, le fondateur des Nordiques, un allié extraordinaire ; Marius Fortier, qui était aimé des joueurs, qui pouvait s'occuper aussi bien de Peter Stastny que de Dave Pichette ; Marius Fortier, qui était de toutes les promotions estivales des Nordiques, entraîneur de l'équipe de balle molle du club. J'ai quitté à regret des gens sensationnels de l'organisation, que je ne nommerai pas de peur d'en oublier. Par contre, je saluerai mon ami, André Létourneau, directeur des ventes chez les Nordiques. J'avais déjà dit aux journalistes, après un match, au plus fort de la rivalité Canadien-Nordiques, en voyant tous ces gilets du Canadien à un match du Colisée : « À ma retraite, je veux être directeur des ventes pour ne plus vendre de billets aux partisans du Canadien... »

Avant de m'en aller à pour Montréal, alors que la pancarte « À vendre » venait d'être installée devant la maison, j'aperçois Pierre Pagé en auto avec son épouse par un beau dimanche après-midi. Je n'ai toujours pas digéré mon congédiement et je ne manque pas l'occasion de l'intercepter :

— Pierre, ma maison est à vendre, veux-tu visiter ?

Lui, il est mal à l'aise. Sa femme aussi. Il ne sait pas trop quoi répondre. Moi, avec mon air de porc frais, je lui suggère de visiter la maison. Michèle est furieuse de mon arrogance. Pris au dépourvu, il décide d'entrer. La visite a duré cinq minutes. Je n'ai jamais vu quelqu'un faire le tour d'une maison si rapidement...

Michèle, Michel, Sophie et Karine.

Guy Lafleur, Michel Bergeron, Lucien Deblois et Normand Rochefort.

Le 19 juillet 1990, lors de la conférence de presse à New York.

En mai 1990, Michel en compagnie de Danielle Rainville.

Le 30 octobre 1990, Michel avec Jacques Lemaire.

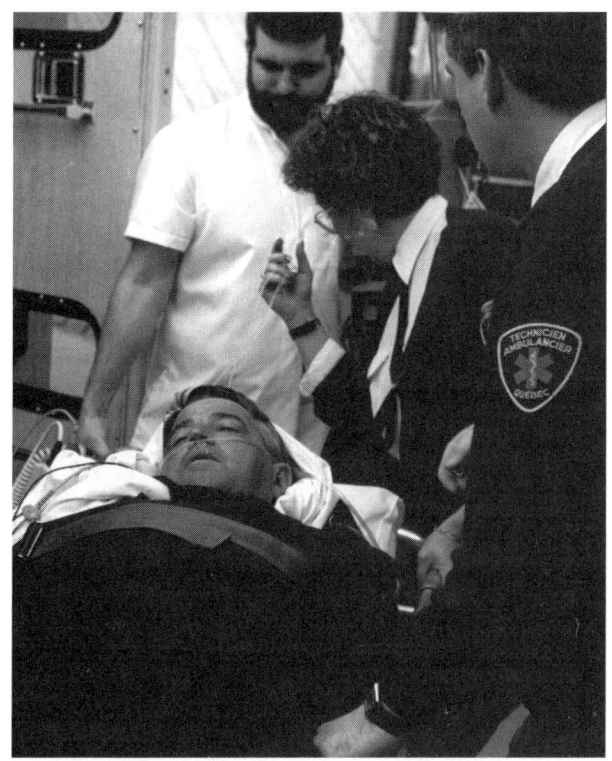

Michel lors de son transport à l'hôpital.

Le difficile retour la maison.

En mai 1991, avec Pierre Théroux.

Un couple heureux.

Michel en présence de sa mère Lorraine, sa sœur Francine et de ses deux frères, Pierre et Christian.

Jean-Marie Tancrède, ami de Michel.

Rémi « Toto » Goyette, Fernand Bouchard, Normand Boissonneau, Jacques Matteau, Paul Charest.

Le 17 novembre 1992, à l'occasion du « bien cuit » de Michel Bergeron à l'auberge des Gouverneurs de Trois-Rivières. De gauche à droite : Michel Beaudry, Gilles Courteau, Claude Béchard, Rodger Brulotte et Paul Houde.

5

Une nouvelle vie...

Seize ans après son départ de Montréal pour Trois-Rivières, Michel Bergeron rentre chez lui. Il s'installe cette fois à Rosemère, avec en poche un contrat avec la station de radio CKAC pour animer l'émission Les amateurs de sports *avec Danielle Rainville. Il travaille aussi à TVA, entre autres à titre d'analyste des matchs du Canadien.*

Les premiers mois de cette nouvelle vie ont été très difficiles. J'étais heureux de retrouver la famille et mes amis montréalais, mais faire le deuil du *coaching* était douloureux. Diriger un club de hockey, j'avais ça dans le sang. On a des poussées d'adrénaline incroyables derrière un banc et, du jour au lendemain, c'était le vide. J'étais entraîneur depuis 20 ans, ne l'oublions pas.

Je me suis donc présenté au Forum de Montréal pour le camp d'entraînement du Canadien la mort dans l'âme. Quel choc épouvantable j'ai eu la première journée dans ma peau de journaliste. Je regardais Pat Burns à l'œuvre et je sentais encore plus ce vide énorme. Je me sentais complètement perdu dans les estrades. Ça a duré un certain temps. Les entraînements prenaient fin et je me disais : « Bon, je fais quoi, là ? Ah, oui, il faut que j'aille à la station de radio… »

Je faisais les *Amateurs de sports* en compagnie de Danielle Rainville, la même que j'avais déjà traitée de « p'tite crisse » parce qu'elle m'avait critiqué à la radio. J'avais *Salut, bonjour* avec Guy Mongrain. C'était bien, mais ça m'embêtait énormément de dire que je ne coachais plus. Je n'arrivais pas encore à le croire. « C'est fini, mesdames et messieurs, Michel Bergeron *is out*! »

Je me rendais compte qu'il fallait que j'apporte à ce nouveau métier autant d'enthousiasme que lorsque j'étais entraîneur, mais il me manquait énormément de bagage. En plus, je n'étais plus le patron. C'est dur à avaler comme changement quand t'as été le *boss* pendant 16 ans.

J'ai aussi été obligé de changer mon approche. Je m'étais chicané toute ma vie. Je n'étais pas pour commencer à engueuler mes collègues ou mes patrons de la télé et de la radio. Au hockey, je trouvais ça normal d'avoir mes prises de bec avec Maurice Filion, les arbitres ou les joueurs du Canadien. Mais avec le réalisateur? J'ai décidé de jouer la carte du gars correct qui est là pour apprendre, mais ce n'était tellement pas moi. Au moins, il y avait une certaine rivalité avec CJMS et les animateurs Mario Tremblay, Ron Fournier et Pierre Trudel...

J'avais beaucoup de choses à apprendre. Comme je le dirai plus tard dans des conférences, j'avais 13 mots dans mon vocabulaire quand j'ai commencé dans les médias...

Ma femme m'a suggéré de suivre des cours de diction, mais mes patrons n'étaient pas d'accord; ils voulaient que ça soit naturel, que les mots sortent de façon spontanée. Malgré tout, je savais que je devais améliorer mon français.

Guy et Danielle m'ont aidé énormément. Ils me respectaient pour mes connaissances, et j'avais beaucoup d'estime pour leur professionnalisme. Danielle avait eu vent de ma remarque à son sujet quelques années plus tôt, mais une belle chimie s'est installée entre nous deux dès les premiers jours. Elle avait collé des pancartes dans les studios de CKAC pour m'aider à me corriger. J'avais tendance à employer les -rai avec les si : « si j'aurais » au lieu de « si j'avais ». Elle était gentille, charmante.

Ma femme faisait un bon professeur également. Quand la saison a commencé, j'étais analyste à TVA et, quand je rentrais après les matchs, elle me laissait une feuille sur la table avec ses observations. Elle le fait toujours d'ailleurs...

Je n'avais plus la pression de diriger une équipe de la Ligue nationale, mais je ressentais une autre pression. C'était un nouveau métier, nous avions des auditoires de 600 000 à 700 000 téléspectateurs, et je ressentais souvent une certaine nervosité.

J'avais le trac avant les matchs, mais j'arrivais à le chasser, un peu comme quand j'étais entraîneur. Dès la première apparition, je me détendais, je commençais à parler moins vite.

J'ai eu le privilège de travailler avec Richard Garneau. Et je parle d'un véritable privilège. Un grand *gentleman*. J'ai passé beaucoup de temps avec lui. Je suis un gars de gang, je l'ai dit, alors j'étais souvent avec l'équipe de télé. On voyageait ensemble, on soupait ensemble. J'ai appris une chose importante en les côtoyant. Dans le monde des médias, on ne te fait pas beaucoup de reproches, mais on ne te félicite pas non plus. Si on est satisfait, on prolonge ton contrat ; sinon, on met fin à l'association. Avec le recul, je comprends aujourd'hui que nous non plus, les commentateurs, on ne félicite pas souvent les producteurs et les réalisateurs avec qui on travaille. Ça semble correct comme ça.

Le 30 novembre 1990, vers 22 heures, quelques mois après son entrée dans le monde des médias, Michel Bergeron s'installe devant son téléviseur après une journée sans histoire à CKAC pour regarder un match de hockey. Il ne se doute pas que sa vie basculera ce soir-là…

Je ne me sentais pas très bien quand je suis rentré à la maison en fin de journée. La semaine précédente, en Floride, j'avais ressenti certaines douleurs à la poitrine, mais je croyais que c'était un problème de digestion. Par satellite, je commence à regarder le match Calgary-Los Angeles. Un match banal, plutôt ennuyant. Michèle, elle, était allée se coucher.

Il n'y avait pas un bruit dans la maison. Soudainement, j'ai ressenti une douleur. J'ai songé immédiatement à mon père. Chaque fois que je ressentais une douleur à la poitrine, je pensais à lui. Mais là, c'était plus qu'une douleur. Ça faisait mal, ça brûlait, je n'avais jamais rien senti de tel. J'étais plié en deux, ça brûlait dans mes mâchoires, ça brûlait partout à l'intérieur de mon thorax.

— Michèle ! Michèle ! Michèle !

UNE NOUVELLE VIE...

Elle descend, affolée.

— Quoi ? Quoi ?

— Je crois que j'ai une attaque du cœur, appelle l'ambulance !

J'ai de la difficulté à bouger, à articuler un mot. On habite dans un nouveau secteur à Rosemère, dans Rivière du golf, et l'ambulance n'arrive pas. Michèle téléphone à la police, et la police arrive avant l'ambulance...

Quand les ambulanciers finissent par arriver, je suis à genoux, et toujours cette douleur écœurante me transperce le corps, mais je suis encore conscient. Michèle est dans tous ses états. Ils me donnent quelque chose, de la nitro je pense. Ça ne calme pas ma douleur. Quand on m'amène, un des ambulanciers me demande :

— À quel hôpital voulez-vous aller ?

— Je ne connais pas le coin. Le plus proche !

Pendant ce temps, comme ma plus jeune, Karine, dormait toujours, ma femme a téléphoné à Richard Morency et il est arrivé avec sa fille Claudine. Richard est monté à bord de l'ambulance avec Michèle, et Claudine est restée à la maison pour garder Karine. On part pour Saint-Jérôme. Je ne sais pas trop ce qui va m'arriver, si je vais mourir, mais j'ai l'impression que si j'arrive à l'hôpital à temps je serai sauvé. Pendant mes années avec les Draveurs, les Nordiques, les Rangers, j'ai tellement été entouré de bons médecins que j'ai une confiance inébranlable en eux.

Dans l'ambulance, Richard et ma femme ont cessé de parler. Je réfléchis. Et je réfléchis...

Je pensais à deux personnes : à mon père… pis à Dieu. Je demandais à mon père de faire quelque chose pour me sauver. Dieu, Lui, c'est comme les médecins. On leur parle quand on a besoin d'eux. Ce soir-là, dans l'ambulance, je me suis adressé à Lui : « J'ai 44 ans, mon père est mort à 47 ans d'une crise cardiaque, mes oncles sont morts d'une crise cardiaque, je ne veux pas mourir. » Je me rappelle très bien ce que je Lui ai dit : « Dieu, tu le sais, j'ai toujours voulu gagner. Je me suis battu pour gagner, je déteste la défaite. Cette fois, pour la première fois, je peux m'arranger avec une nulle, mais je ne veux surtout pas la perdre… »

J'arrive enfin à l'hôpital de Saint-Jérôme. Ils sont extraordinaires là-bas. Ils me donnent des piqûres pour chasser la douleur, qui tarde à partir. Pierre Lacroix se pointe avec des beignes et du café… Je crois qu'il était encore en pyjama !

Le lendemain, j'ai été transféré à l'Institut de cardiologie, sous les soins du docteur Pierre Théroux. J'étais complètement knocké. Les médias étaient déjà au courant de mon transfert. J'étais sur la civière et André Viau, le photographe du *Journal de Montréal*, est arrivé avec son appareil. Il prenait des photos et je ne m'en rendais pas vraiment compte tellement j'étais engourdi. Le lendemain, Michèle m'a apporté le *Journal*. J'étais en première page. Sur une civière ! C'était très lugubre. Je me souviens d'avoir eu un choc épouvantable.

J'avais tellement hâte de voir mes proches. Je faisais entrer tout le monde, mais le médecin n'était pas tout à fait d'accord parce que les premières 48 heures sont critiques après une crise cardiaque. Mais je savais que ma famille et mes amis étaient inquiets et tristes pour moi et je voulais les rassurer. Et, avouons-le, comme j'ai toujours été un gars de gang, je n'aime pas me retrouver trop longtemps seul.

J'ai conservé quelques beaux souvenirs de mon malheur. Un samedi matin, j'étais encore endormi sur mon lit d'hôpital. Tout à coup, j'entends parler en anglais dans le corridor :

— *I'm sorry, you can't see him. He's resting.*
— *I got to see him! I got to see him!*

Je reconnais la voix de Chris Nilan...

J'ai dit à la garde de le laisser entrer. Il était avec Raymond Bourque, qui était notre voisin à Rosemère.

Nilan m'a lancé :

— *Bergie, you've got to fight!*

Bourque, un homme plus discret, avait l'air plutôt triste.

Le verdict du médecin ? Infarctus du myocarde. Je n'avais pas eu besoin d'intervention chirurgicale, mais il me fallait du repos. Quand je suis sorti de l'hôpital une dizaine de jours plus tard, le même photographe André Viau m'attendait devant la maison. Il avait probablement un informateur à l'Institut de cardiologie qui le renseignait...

Quand on a vu son camion, on a rebroussé chemin. De toute façon, ma femme devait passer à la pharmacie. Quand on est revenus, une heure plus tard, il était toujours là. Cette fois, pas question de se sauver de nouveau. Sans tarder, nous sommes rentrés à la maison.

Il a quand même pris une photo de loin. Et par la suite, il a sonné à la porte pour avoir une meilleure photo. Michèle a refusé et il s'est excusé en lui répondant : « C'est mon *boss* qui m'a envoyé. »

Cette crise cardiaque m'a fait réfléchir. Je ne faisais pas trop attention à ma santé. Le docteur Théroux m'a suggéré de mieux m'alimenter, de cesser de fumer et d'avoir un rythme de vie moins trépidant.

J'ai pris trois mois de congé. Je suis allé en Floride avec ma femme. Au retour, j'ai repris mon travail à CKAC et TVA. Yvan Ponton m'avait remplacé avec brio aux *Amateurs de sports*. Mon premier match comme analyste avec Richard Garneau avait lieu à Chicago et les gens de Molstar, qui produisaient l'émission, s'étaient arrangés pour qu'on écrive « *Welcome back Tiger* » sur l'écran géant de l'amphithéâtre de Chicago. J'ai été touché.

Mais, quelques mois plus tard, j'avais déjà commencé à oublier les recommandations du docteur Théroux…

Michel Bergeron continuera à œuvrer dans le domaine des médias tout en gardant l'espoir de revenir un jour derrière le banc d'une équipe de la Ligue nationale. À sa deuxième année dans les médias, les rumeurs du départ de Pat Burns s'intensifient. Diriger le Canadien constituerait une belle aventure pour Bergeron…

Je commençais tranquillement à me faire une raison, à me dire que je demeurerais dans le monde des médias pour le reste de ma carrière, quand les rumeurs ont commencé à circuler. Pat Burns était contesté à Montréal et lui-même en avait assez de la pression médiatique, je crois. À l'été 1992, il se retrouve assez rapidement avec les Maple Leafs de Toronto.

À Montréal, la fièvre gagne un peu tout le monde, et on se demande bien qui va lui succéder. Je suis emporté dans ce tourbillon. On fait un sondage pour savoir qui devrait diriger le Canadien, et je me retrouve en tête de liste...

Je rêvais du poste mais, en même temps, je savais que ma relation avec Serge Savard n'était pas extraordinaire. J'avais joué au golf avec lui une fois ou deux, sans plus. Quand même, dès que j'ai appris le départ de Burns, j'ai demandé à Pierre Lacroix d'organiser un *meeting* avec Savard.

En entrant dans son bureau (c'était la première fois que j'entrais dans le bureau d'un dirigeant du Canadien), je savais qu'il avait rencontré Jacques Demers quelques jours plus tôt. Demers, après son départ de Québec en 1980, avait eu du succès à Saint Louis et à Detroit. Il avait même été nommé entraîneur de l'année en 1987 et en 1988.

— Écoute, Serge, si t'as déjà une entente avec Demers, t'as juste à me le dire, je veux pas qu'on perde notre temps...

— Non, non, pas du tout !

Nous avons eu un bon *meeting*. Il m'a posé plein de questions sur ma façon de coacher et comment je voyais le Canadien. J'ai été positif. La pire chose à dire à un directeur général quand tu veux le poste d'entraîneur, c'est qu'il n'a pas de club...

Au moment de partir, Jacques Lemaire, devenu le bras droit de Serge Savard, est arrivé. Je me suis adressé à lui :

— Je suis content de te voir, Jacques. Parce que, si j'ai la job, c'est toi que je veux comme adjoint...

Il a éclaté de rire.

— Je le savais! Je le savais! Je l'ai même dit à ma femme avant de partir que tu me dirais ça!

Savard s'est absenté et on a jasé, jasé, jasé. Puis Savard est revenu et m'a dit qu'il allait me donner des nouvelles assez rapidement.

J'ai eu des nouvelles assez vite, merci. Deux heures plus tard, Pierre Lacroix était au bout du fil :

— Michel, ça ne marchera pas. Le médecin du Canadien, David Mulder, a recommandé qu'on ne t'embauche pas à cause de tes problèmes cardiaques...

J'étais en état de choc. Et tout ça, 10 minutes avant d'entrer en ondes à CKAC! Mon premier réflexe a été de téléphoner à mon cardiologue. J'étais en furie.

Et tout de suite, l'émission commence. Je suis en compagnie de Pierre Rinfret. Pierre Lacroix et Richard Desmarais m'écrivent un texte dans lequel on dit que je me retire de la course pour le poste d'entraîneur-chef du Canadien parce que le médecin de l'équipe recommande de ne pas m'embaucher. Rinfret me demande de lire le texte. Je l'ai lu du mieux que j'ai pu, mais j'étais complètement assommé, dans les nuages. Encore une fois, je vivais quelque chose qui semblait complètement irréel. Pierre Rinfret avait la gorge nouée par l'émotion.

Par la suite, Pierre Théroux, mon cardiologue, a accordé des entrevues. Il n'aimait pas beaucoup les interviews, mais il a fait un spécial pour dire que mon infarctus subi l'année précédente n'aurait pas nui à mon travail. Je me suis toujours demandé si c'était une excuse trouvée par le Canadien. Je crois que leur homme, dès le début, s'appelait Jacques Demers. De toute façon, Savard ne me devait rien. Il a fait le bon choix, de toute évidence, parce que le Canadien a remporté la coupe Stanley cette année-là! Je n'ai jamais demandé au docteur Mulder pourquoi il avait pris une telle décision. Et finalement, je ne veux pas le savoir.

Deux années passent. Jacques Demers est toujours l'entraîneur du Canadien. Michel Bergeron continue son travail dans les médias, toujours à CKAC, cette fois en compagnie de Mario Tremblay, Pierre Trudel et Ron Fournier, qui ont rejoint le Tigre en raison de la fusion entre CKAC et CJMS. À Québec, le diable est aux vaches. Pierre Pagé n'a toujours pas réussi à redresser le navire. À la fin de la saison 1993-1994, Marcel Aubut perd patience et le congédie. La suite s'annonce fertile en rebondissements...

C'était en mai 1994. J'ai entendu entre les branches que Marcel Aubut avait convoqué une conférence de presse à Québec pour annoncer qui allait succéder à Pagé. Dans les rumeurs, le nom de Scotty Bowman revenait une fois de plus sur le tapis. Peu de temps avant la conférence de presse, j'ai eu toute une surprise : mon agent et ami Pierre Lacroix est passé à la maison pour m'annoncer qu'il avait été nommé le nouveau directeur général des Nordiques.

J'étais étonné, oui et non. Je le voyais dans la peau d'un directeur général. Je croyais qu'il deviendrait le successeur de Serge Savard avec le Canadien parce qu'il était très proche de Ronald Corey et que ça aurait été pour lui un beau défi à relever.

Lacroix nommé, j'ai recommencé à rêver. Il savait en tabarnouche à quel point je voulais coacher. On en avait parlé tellement souvent, ces dernières années. Alors, quelques jours après la conférence de presse, il me téléphone, et c'était un coup de fil que j'attendais avec impatience. Il me fait venir à son bureau, un dimanche matin. Je lui apporte une cassette avec une chanson de Kenny Rogers, *When you Put your Heart into It*... Cette chanson raconte qu'on peut aller au bout de ses rêves quand on y met son cœur, quand c'est un rêve qu'on partage ensemble. Les deux vieux complices sont réunis et nous vibrons... Pierre me fait part de la transaction qu'il était sur le point de conclure; d'échanger Matts Sundin pour Sylvain Lefebvre et Wandel Clark. Je lui ai dit que je n'étais pas d'accord.

— Tu vas voir, Michel, on va travailler ensemble, on va la gagner, la coupe Stanley...

J'ai fait une liste de candidats pour le poste d'adjoint. Mario Tremblay était en tête de liste, suivi de Chris Nilan et de Denis Potvin. Je me rappelle que Lacroix était emballé quand je lui ai parlé de Tremblay. Le soir même, après en avoir parlé à Pierre, j'ai décidé de me rendre chez Mario avec Michèle. On a tourné en rond parce que je ne me souvenais plus exactement de son adresse. Finalement, j'ai pris mon cellulaire et je l'ai appelé. Colette, sa femme, nous dit alors qu'il est couché.

— C'est parce que je suis dans votre entrée de garage...

Colette est venue répondre, puis elle est allée chercher Mario. On a parlé pendant des heures et des heures, et Mario était excité au possible. Colette était plus ou moins emballée par un éventuel transfert à Québec.

Pierre et moi, on ne s'est pas reparlé souvent au cours des semaines qui ont suivi parce que je ne voulais pas le déranger, il avait de l'ouvrage à faire… Mais, moi, je me sentais bien, j'attendais juste qu'il m'appelle…

J'étais sur un nuage. Je faisais quand même attention de ne pas m'échapper à la radio. Déjà, les rumeurs commençaient à circuler. Et moi, j'étais à la maison en train de composer mes trios. Je rêvais. Je me disais que pour la première fois de ma carrière j'allais prendre un club avec énormément de potentiel avec les Sakic, Sundin, Nolan, Kamensky et compagnie.

Régulièrement, cet été-là, les gens m'abordaient dans les tournois de golf en me souhaitant bonne chance avec les Nordiques. Mes amis me téléphonaient régulièrement pour prendre des nouvelles. Plus les semaines filaient, plus j'attendais avec impatience l'appel de Pierre.

À la fin de l'été, finalement, je suis à Trois-Rivières à un tournoi de golf lorsque Pierre laisse un message à ma fille Karine en lui disant qu'il veut me rencontrer le lendemain à 16 heures, avec Michèle. Toute la soirée, je m'imagine que j'ai le poste parce qu'on se rencontre en fin d'après-midi, avec nos femmes. Je suis certain qu'il a demandé à Michèle de venir parce qu'il veut qu'on fête ça entre couples.

Le matin de la rencontre, je perds mes illusions. Bertrand Raymond signe une chronique dans *Le Journal de Montréal* dans laquelle il annonce que Marc Crawford sera le prochain entraîneur des Nordiques. Ça s'annonce mal parce que je sais que Bertrand et

Pierre sont très proches et que Crawford a dirigé le fils de Pierre, Éric, la saison précédente dans la ligue américaine...

J'arrive chez lui avec Michèle. Sa femme Colombe vient répondre. Je vois son fils Éric se faufiler par la porte de côté. Colombe est triste. Je ne veux pas le croire, mais je commence de plus en plus à le croire. Je me dis que c'est impossible, que Pierre m'aime beaucoup trop pour me faire ça.

Il ne tourne pas longtemps autour du pot :

— Écoute, Michel... j'ai pris une décision, j'ai décidé que ça ne serait pas toi. Je ne peux pas t'expliquer la raison, c'est une question de *feeling*...

J'ai ouvert la bouche pour poser une question, puis je me suis ravisé. Parce que, quand la décision est prise, elle est prise. Toute question aurait été superflue dans les circonstances. Je me suis levé pour partir.

— O.K., c'est correct...

Ma femme, elle, s'est chargée de poser les questions. De toute façon, j'étais un peu trop assommé pour dire quoi que ce soit...

Je ne saurai probablement jamais ce qui s'est vraiment passé. Pierre Lacroix, tel que je le connais, va tout garder pour lui. Ça va toujours rester un mystère pour moi.

Cette décision inattendue de Pierre Lacroix déchirera le petit groupe d'amis de Saint-Michel et Rosemont, qui était uni depuis des dizaines d'années.

Richard Morency, Rodger Brulotte, Ménick, Pierre Lacroix et moi, nous aimions dire que nous étions tous dans le sport dans un domaine différent. Rodger et Richard avec les Expos, Ménick, le barbier des sportifs, Pierre, l'agent de joueurs, et moi, l'entraîneur.

J'étais triste parce que mon rêve était brisé et que, en plus, je perdais un grand ami. Les autres non plus ne l'ont pas accepté. Il y a eu un froid entre Pierre Lacroix et les autres.

J'ai été plusieurs années à l'éviter, à ne pas vouloir lui parler. Mais René Angélil et Pierre Lacroix sont de très grands amis et René a tout fait pour rétablir la paix. Chaque année, au tournoi de golf Angélil-Bergeron au profit des maladies du cœur, René me mentionnait que ça serait bien que je joue avec Pierre. Je ne m'en sentais pas capable. Puis, un bon jour, je me suis dit qu'il fallait tourner la page. De toute façon, on ne peut pas dire non à René, il est tellement gentil.

On s'est donc retrouvés à l'été 1998 à notre classique pour les maladies du cœur. Personne n'est revenu sur le passé et c'était mieux comme ça. On a eu une belle journée et on a même remporté le tournoi ensemble!

On a joué ensemble de nouveau cette année au Colorado. Ça ne reviendra plus jamais comme ça a déjà été, mais c'est correct, la paix est rétablie. Je ne lui ai jamais posé d'autres questions à ce sujet…

Je n'ai pas de rancune ni d'amertume. N'empêche que cet épisode a mis fin à mon rêve de revenir derrière le banc d'une équipe de la Ligue nationale. Si mon *chum* et agent ne m'embauche même pas comme entraîneur, qui donc va le faire? Mais la vie continue. D'ailleurs, il a fait un très bon choix avec Marc Crawford, qui a remporté la coupe Stanley deux ans plus tard avec les défunts Nordiques désormais au Colorado.

Pendant que les Nordiques déménageaient à Denver, c'était la grande tristesse au Québec de voir cette grande organisation disparaître malgré autant de fidèles amateurs. Même les plus grands partisans du Canadien étaient tristes en pensant qu'ils ne reverraient plus jamais ces gilets bleus. Moi, j'ai vécu un deuil profond quand les Nordiques sont partis parce que je les avais dirigés pendant huit ans. Beaucoup en ont voulu à Marcel Aubut, surtout les partisans, mais les gens d'affaires, qui étaient près de l'industrie du hockey, comprenaient son geste. L'avenir allait lui donner raison. C'était également Aubut qui, avec Pierre Pagé, avait réalisé la plus importante transaction de l'histoire du hockey quand il a échangé Eric Lindros aux Flyers de Philadelphie contre une multitude de joueurs et plusieurs millions.

Pour ma part, je me suis fait une raison et j'ai continué mon travail à CKAC et à TQS, en compagnie d'André Côté. C'est au cours de ces années que mon amitié avec Mario Tremblay s'est intensifiée. On passait l'été à jouer au golf avec Jean-Pierre Veilleux et André Poulin, qui étaient devenus nos adversaires réguliers. On avait un plaisir fou à jouer ensemble. Nous sommes pareils tous les deux, hypercompétitifs, mais beaucoup plus relax que quand on se retrouvait à l'aréna à l'époque…

Puis, Mario est devenu *coach* du Canadien. Quand Mario a négocié et accepté le poste d'entraîneur-chef au

Canadien, quelques jours auparavant le directeur des sports Michel Tremblay me demandait ce qui n'allait pas avec Mario. Il le trouvait passablement nerveux. Mario n'arrêtait pas de se promener dans les bureaux. Michel, qui peut se montrer colérique à certains moments, lui disait : « Le Bleuet, t'es pas en vacances, grouille-toi. » Deux jours après, Mario était nommé instructeur-chef du canadien. Michel Tremblay, Pierre Trudel et moi étions heureux pour lui mais surpris. J'étais content pour lui. Deux ans plus tard, quand il est parti, en 1997, Réjean Houle a demandé à me rencontrer. J'ai été le premier qu'il a vu. Sa tablette de notes est restée blanche. J'ai l'impression qu'il a voulu me rencontrer par politesse. Il a finalement choisi Alain Vigneault.

Quelques années passent. Nous sommes à l'été 1999. Michel Bergeron est en vacances à Caplan, en Gaspésie, quand son cœur flanche de nouveau...

C'était encore la nuit. Je me réveille en douleur et je me dis : « Ah non... » Crise d'angine sans doute. On réveille le frère de Michèle, Jean-Pierre, et sa conjointe, qui dorment dans la chambre à côté. On se dirige tout les quatre rapidement à l'hôpital de Maria. J'ai ma pompe de nitro dans ma poche. Je m'en vaporise une *shot*, mais ça ne pas effet. Faut dire que la bouteille était neuve et, fait quand une bouteille est neuve, il faut donner deux *shots* dans les airs pour que le produit s'écoule correctement. À la troisième vaporisation, je me sens un peu mieux. En arrivant à l'hôpital, on m'en fait deux autres sous la langue et je suis complètement soulagé.

J'ai passé le week-end à l'hôpital. Je disais au médecin que je me sentais bien, mais il n'a pas voulu me laisser partir. Il était en communication constante avec l'Institut de cardiologie. Finalement, le lundi, à midi, on m'a fait une injection à côté du nombril et on m'a libéré. Cette injection visait à éclaircir mon sang pendant 24 heures, le temps de rentrer à Montréal.

Sa femme prendra le volant entre la Gaspésie et Montréal, pendant des centaines de kilomètres, le ventre vide, parfois dans le brouillard et l'obscurité. À l'Institut de cardiologie, une très désagréable surprise attend le Tigre. Il ne souffre pas d'une crise d'angine, mais il a les artères bloquées à l'entrée du cœur. L'injection l'a protégé pour la durée du voyage seulement...

J'ai été opéré d'urgence. On ne m'a pas vraiment laissé le choix : le médecin me donnait deux semaines à vivre si je ne me soumettais pas à une intervention chirurgicale. Le lendemain matin, j'étais sur la table d'opération pour subir un triple pontage.

On m'a dit : « Tu vas voir, ça va bien aller », mais c'est *tough*, épouvantablement *tough*. Effrayant. J'ai été incapable de dormir pendant 48 heures après l'opération ; j'ai eu une mauvaise réaction à la morphine. Je me souviens d'un *flash* : je voyais l'infirmier au téléphone et j'étais convaincu qu'il appelait ma femme pour lui dire que c'était fini, qu'elle devait venir au plus vite pour les derniers sacrements…

Seule ma famille venait me visiter. Michèle passait toute la journée à l'hôpital et ma mère y venait pour plusieurs heures de même que les enfants, mes frères et ma sœur. Mes amis ont tous respecté mon droit au repos.

J'avais sur le torse ce qu'ils appellent un «bébé». C'est une serviette roulée qu'il faut serrer contre sa poitrine quand on tousse ou qu'on fait le moindre effort, pour empêcher la douleur. C'est drôle, le docteur Yves Hébert qui m'a opéré m'a dit que je me sentirais comme si un camion m'était passé sur le corps, et c'est exactement comme ça que je me sentais.

Michel Bergeron s'est bien remis de ses deux crises cardiaques. Il demeure un personnage médiatique important dans le monde sportif québécois. Il est l'analyste des matchs du Canadien à CKAC et à la télévision de Radio-Canada et il fait des interventions quotidiennes à l'émission Les Amateurs de sports, *à CKAC. Sept ans ont passé depuis son dernier flirt avec une équipe de la Ligue nationale, depuis la volte-face de son vieux copain. Il semble avoir fait son deuil du coaching. Quand il ne travaille pas, il joue au golf. Beaucoup. Entre autres avec son ami René Angélil, un bon complice.*

J'ai rencontré René par l'intermédiaire de Pierre Lacroix, il y a de nombreuses années. On avait organisé une partie de golf à Rosemère. Notre départ avait été fixé à 6 h 30 du matin, mais il pleuvait à boire debout. René est arrivé en retard de quelques minutes à peine. Le préposé au départ ne voulait pas nous laisser jouer parce qu'il y avait trop de monde. René, qui est un gars intense, bouillait littéralement.

— René, oublie ça. Viens plutôt à mon club. C'est pas trop loin d'ici, ça s'appelle Le Mirage.

Nous avons passé une belle journée et, après notre partie, René a rencontré Jacques Rousseau, un des quatre propriétaires, qui l'a convaincu de devenir membre. Il est devenu membre et… cinq ou six ans plus tard, il achetait le club.

Ce que j'apprécie le plus de René, c'est son grand cœur. On parle de la générosité de Céline Dion et de René, et c'est pas de la frime. C'est un gars sensible, à l'écoute. Un grand compétiteur lui aussi. Il veut toujours gagner. Pis un gars de gang aussi, comme moi. Il fait confiance à ses proches et il n'hésite pas à déléguer, comme il le fait au Mirage avec René Noël, le directeur général, et Debbie Savoy-Morel, la professionnelle en chef, qui est aussi l'épouse du superviseur des arbitres de la Ligue nationale, Denis Morel, et Claude Trudel ainsi qu'André Delambre.

Je me souviendrai longtemps de ce qui s'est passé chez René l'année dernière. Quand son ami Pierre Labelle, un de ses complices avec les Baronets, est décédé d'une crise cardiaque, il m'a demandé de rentrer avec lui à Montréal. Nous étions alors en Floride, avec Céline et Michèle. La veille du départ, il m'a invité à coucher chez lui à Jupiter. À mon grand étonnement, il nous a prêté la chambre de sa mère, qui était décédée depuis quelques années. J'ai pris ça comme une marque d'affection incroyable. Parce qu'on sait comment nos mères sont importantes. Et c'était la chambre de sa mère…

René, comme je le disais, veut toujours gagner au golf. Pour lui, le montant importe peu, en autant qu'il gagne. Pour moi, le montant importe un peu plus...

Malgré tous les succès, il est resté attaché aux mêmes amis : Pierre Lacroix, Guy Cloutier, Marc Verreault, Paul Sara, Rosaire Archambault, Jacques Desmarais. Avec tous ses amis, René nous a fait vivre une expérience extraordinaire en août 2000 en nous emmenant jouer dans un tournoi à Las Vegas, Jacques B. Côté, Réjean Bergeron et son épouse Suzanne, Dary Laflamme, Rock Duchesneau, Christian Bergeron, mon frère, Paul Sara, Guy Cloutier, André Delambre, ma femme Michèle et moi-même. Pour un golfeur, c'est le rêve ultime. Il nous a permis de profiter de ces endroits extraordinaires. René Angélil est la preuve qu'on peut avoir presque tout dans la vie et être malgré tout d'une gentillesse et d'une générosité sans limites pour son entourage. Les seules fois où je l'ai vu fâché, c'était en compétition parce qu'il veut vaincre absolument. Il est très convaincant.

Nous avons appris à connaître Céline par l'intermédiaire de René. Ce qui frappe chez elle, c'est sa grande simplicité. Elle est toujours remplie de petites attentions quand elle nous reçoit. Des hôtes exemplaires. Les deux ont les mêmes qualités : la générosité, la gentillesse. Ils sont compétiteurs. Céline voulait devenir la meilleure chanteuse au monde, elle l'est devenue. René désirait être le meilleur golfeur au monde, il ne le sera pas...

Mes deux équipes d'étoiles (*dream team*) de mes dix années passées dans la L.N.H.

Directeur-gérant : Maurice Filion

1re équipe : Michel Goulet, Peter Stastny, Jacques Richard, Normand Rochefort, Brian Leetch et Daniel Bouchard.

2e équipe : Anton Stastny, Dale Hunter, Wilfrid Paiement, Randy Moller, Mario Marois et John Vandiesbrouk.

L'équipe que j'ai dirigé dans le *junior*.

Jacques Cloutier, Normand Rochefort, Pierre Lacroix, Richard David, Jean-François Sauvé et Pierre Aubry.

Conclusion

J'ai 54 ans au moment où la rédaction de ce livre s'achève, le 7 février 2001. Je suis analyste à la radio de CKAC aux matchs du Canadien, et également à *La Soirée du hockey*, à la télévision de Radio-Canada. J'ai un horaire aussi chargé qu'avant parce que je voyage régulièrement avec l'équipe et je couvre également les séries éliminatoires pour Radio-Canada.

J'aimerais bien diminuer le nombre de voyages, surtout quand le Canadien ne participe pas aux séries, parce que je suis loin pour une plus longue période.

Les gens me demandent souvent si j'ai encore la piqûre du coaching. On m'a posé beaucoup de questions quand des rumeurs faisaient de René Angélil l'un des futurs propriétaires du Canadien cet hiver. À ces gens, je répondais qu'un *coach* sera toujours un *coach* dans l'âme. Mais je ne dirigerai plus une équipe de la Ligue nationale. J'ai fait ce que j'avais à faire. Mon avenir est dans le domaine des communications.

Marcel Aubut m'a toujours dit qu'on ferait un jour de la *business* ensemble. Encore récemment, à l'occasion du match des étoiles, en février 2001, il m'a dit de lui préparer un projet. Sait-on jamais…

J'avais l'idée de ce livre depuis mes débuts avec les Nordiques. Après des moments exaltants ou des périodes sombres, je me disais que ça allait être dans le livre. Finalement, ce livre va être publié. Je n'ai pas eu un parcours facile. Je me suis battu, j'ai gueulé. Si j'ai été le type d'entraîneur que j'ai été, c'est par nécessité. Quand la porte s'entrouvrait, je devais mettre le pied dedans. Parce que je n'étais jamais précédé d'une grande réputation, que je n'avais pas de lettres de noblesse comme d'autres qui ont joué dans la Ligue nationale. À ceux qu'on sous-estime, à qui on fait parfois la vie dure, je dis de ne jamais lâcher, de se battre à fond.

Il faut de la volonté, de la chance et aussi, surtout, un entourage solide pour percer. S'il n'y avait pas eu Jean Trottier, Roland Froisy et Pierre Marcaurelle, Raymond Demers, Richard Morency, Gaston Desjardins, Sylvain Saint-Mars, René Young, Maurice Filion et Phil Esposito, jamais je n'aurais pu diriger des équipes pendant 20 ans.

J'ai été très touché lorsque Gilles Courteau m'a téléphoné pour m'annoncer que je serais intronisé au Temple de la renommée de la Ligue de hockey *junior* majeure du Québec avec Guy Carbonneau et Dale Hawerchuk. J'ai immédiatement eu une pensée pour tous ceux qui m'ont aidé à Trois-Rivières. J'en profite pour remercier le comité qui a voté pour moi.

Je pense aussi à tous les sacrifices que les gens autour de moi ont dû faire, à mes parents, à mes frères, à ma sœur, ma femme, mes enfants, qui ont eu un jour ou l'autre à composer avec mes humeurs liées aux

CONCLUSION

victoires ou aux défaites. Je crois avoir été un privilégié d'avoir pu obtenir autant de compréhension de leur part.

Vous aurez remarqué que je n'ai réglé aucun compte. Le hockey est tellement un beau sport, et j'ai souvent enseigné aux joueurs que nous formions une grande famille. C'est la raison pour laquelle j'ai voulu montrer le plus grand respect pour ceux avec qui j'ai travaillé, pour ceux que j'ai dirigés et aussi pour les amateurs de hockey qui m'ont si bien gâté. Et aussi aux membres de la presse, de qui ont dit parfois tant de mal. Merci de m'avoir choyé. Merci aussi de votre complicité, de votre loyauté, même si je n'étais pas toujours d'accord avec ce que vous disiez ou écriviez.

Enfin, je veux parler de mon épouse Michèle, une femme qui incarne la bonne humeur, le talent, l'intelligence et la beauté.

Nous ne boudons jamais très longtemps. Il arrive que le ton monte, mais ça ne va jamais très loin. Il y en a toujours un qui cède et c'est moi.

Elle est responsable de la maison et des dépenses et ça fonctionne rondement. Elle est organisée. Moi, je fonctionne souvent par instinct.

Durant toutes mes années avec Michèle, je me suis parfois demandé ce qu'aurait été ma vie avec une autre femme. Elle n'aurait jamais été aussi intéressante et passionnante. Pour rien au monde je ne changerais une seule journée vécue auprès de Michèle. Elle a toujours été près de moi dans cette vie mouvementée, depuis le tout début de notre rencontre.

J'ai été chanceux de la rencontrer. Mais tomber follement amoureux ne suffit pas. On a fait ce qu'il fallait faire pour que ça marche. Il faut avoir le courage, la volonté et la détermination de construire quelque chose à deux.

Salut !

Salut à tous ceux avec qui j'ai travaillé depuis que je suis dans le monde des médias : mes patrons, Michel Chamberland, Claude Beaudoin, Richard Desmarais, Daniel Asselin, Daniel Picard, Tom Lapointe, Claude Brière, Reynald Brière, François Carignan, André Provencher, Michel Tremblay. Mes patrons, je les remercie de la confiance qu'il m'ont témoignée. Merci aussi aux commentateurs avec qui j'ai œuvré : Richard Garneau, André Côté, Claude Quenneville. À ceux avec qui j'ai travaillé à la télé : Guy Mongrain, Michel Beaudry, Jean-Paul Chartrand Jr, François Faucher, Jean Pagé, René Pothier, Yvon Pedneault, Michel Villeneuve. À la radio : Danielle Rainville, Pierre Rinfret, Pierre Trudel, Ron Fournier, Mario Tremblay, Mario Langlois, Michel Lacroix, Marc Simoneau, Christian Gauthier, Alain Crête, Paul Houde, Martin McGuire, Yvan Ponton, Pierre Houde, Paul Rivard, Alain Crête, Marie et Pierre Rodrigue.

Salut à tous les techniciens, producteurs, réalisateurs et à tous ceux qui travaillent pour nous bien faire paraître.

Salut à tous mes amis de Montréal, Trois-Rivières, Québec et New York, où j'ai passé des années extraordinaires. Vous n'avez pas toujours été gentils avec moi sur les terrains de golf, mais je vous pardonne. Merci et à la prochaine !

En octobre 1994, Mario Tremblay, Michel Bergeron et Michel Beaudry.

Le 27 novembre 1994, Anton, Peter et Marian Stastny.

En août 1997, avec Muhammad Ali.

Michel et son chien Boomer.

À l'été 1998, Michel et Jessica.

À l'été 1998, Rock Cloutier, René Angelil, Michel Bergeron, Paul Sara et Marc Verreault.

À Nagano en 1998, le champion de tennis de table, Philippe Bergeron, le fils de son frère Christian.

Ron Fournier, Mario Langlois, Christian Tortora, Jacques Demers, Michel Tremblay, Pierre Dumont, Réjean Tremblay, Pierre Rinfret, Rodger Brulotte et Pierre Trudel.

Au retour d'un séjour en Floride, à bord du jet privé de Céline Dion et de René Angelil.

À l'été 2000, Michel avec son ami René Angelil.

Roch Duchesneau, Vincent Damphousse, Gilles Meloche et Michel.

René Angélil, Michel Bergeron, Jasper Parnevik, Marc Verreault et Ronald Corey.

Voyage à Las Vegas en août 2000.

À l'arrière : Jacques Desmarais, Réjean Bergeron, Rosaire Archambault,
Dany Laflamme, Michèle et Michel Bergeron et Guy Cloutier.
À l'avant : Suzanne Bergeron, Paul Sara, René Angélil,
Marc Verreault et Jacques B. Côté.

À côté de René Angelil, on reconnaît Julio Iglesias.

À la piscine du Ceasar's Palace, Michel Bergeron,
Paul Sara, Rosaire Archambault, Dany Laflamme,
Jacques B. Côté et Guy Cloutier.

Michel et Michèle.

À l'occasion des fêtes de Noël 2000, Sophie, Francis, Karine, Anick, Michèle, Jessica et Michel.